小嶋ルミの
おいしいクッキーの混ぜ方

Mitten's  lesson

理想とする口どけのいい
クッキーを焼くために

ひと口サクッ……そのあとはさらさらと軽やかに崩れていくのが、オーブンミトンのクッキーです。理想のクッキーを追い求めてきたら、きめ細かくなめらかな口どけこそがバターと粉の風味を引き立てて、余韻までもが心地いいことに気づきました。

クッキーの口どけは、粉のグルテンが出すぎると悪くなります。粉に対するバターの割合が少ないと、かたい焼き上がりになります。バター、砂糖、粉が均一に混ざっていないと、口どけもむらになります。

オーブンミトンのクッキーは、粉の塊が口に残らず、かまなくてもいいくらいに、口の中でさらさらと粉状に崩れるような軽やかな口どけです。そのためにひと手間ふた手間を惜しまずにかけています。その手間はコツをつかめば決して難しいものではありませんが、ただほかでは見ないやり方です。そのやり方をお伝えするのがこの本です。

材料は基本的にとてもシンプル。バター、粉、砂糖、ほんの少しの塩だけで作れるものもあります。だからこそ、材料をいかに均一にきめ細かくして、生地に混ぜ込むことができるかが重要です。その手間を惜しまずに続けてきたことが、サクサクだけではない、さらさらの口どけを生み、お客さまの心に届いてきたのだと思います。

家庭でも、食べ心地のいい温かい味わいのクッキーで、お茶の時間が幸せなものとなるように、ミトン流の混ぜ方を3つに整理してお伝えします。まずはそのとおりに実践してみてください。作る過程も楽しんでください。焼き上がったクッキーの、繊細で上質な食感に驚きをおぼえることでしょう。

「オーブンミトン」小嶋 ルミ

バターの割合が多い（粉の60〜70%）

材料が均一に混ざっている

すきまも均一にできている

グルテンの生成が少ない

口どけのよさ
＝
おいしいクッキー

[本書のクッキーの基本手順と**3つの混ぜ方**]

バターに砂糖を混ぜる レシピにより卵を混ぜる	＝	Ⅰ **泡立て混ぜ** または 空気を入れずに混ぜる
↓		
粉を加える	＝	Ⅱ **クッキー混ぜ**
↓		
まとめる	＝	Ⅲ **フレゼ** または フレゼなし

contents

I II III 3つの混ぜ方の 組合せで作るクッキー

動画について

基本となる3つの混ぜ方 I II III と、その派生形 I-2 III-2 III-3 は動画による解説が付いています。
該当ページのWEBアドレスを入力するか、スマートフォンやタブレットでQRコードを読み込むとWEB限定
の解説動画を視聴できます。実際の作業手順や、細かなポイント、生地の状態などを確認いただけます。

※動画視聴の際にかかる通信費等はお客さまのご負担となります。また、パソコンやスマートフォン、タブレットの機種によって閲覧できない場合もあります。なお、動画の提供は予告なく終了することがありますのでご了承ください。

混ぜ方帖

作りはじめる前に

- ・大さじ1は15ml（mL）、小さじ1は5ml。1mlは1ccです。
- ・室温は20〜25℃を目安にしてください。
- ・本書は、電気コンベクションオーブンを使っています。オーブンは機種により焼き加減に差が出るので、ご使用のオーブンに合わせて調節してください。オーブンの予熱と焼き加減についてはp.26に記しています。
- ・使用する材料とその準備はp.18〜、道具類はp.94〜に掲載しています。
- ・φは器具などの直径、口径を表わします。

やわらかくした
バターを泡立てて
気泡をつくる

I 泡立て混ぜ

クッキーなのに泡立てる？　そう、オーブンミトンでは、定番クッキーの約半数がバターと砂糖を泡立てるところからはじまります。やわらかくしたバターと砂糖をハンドミキサーで泡立てて、さらにレシピにより卵も加えて「泡立てる」と「混ぜる」を同時に行なうので「泡立て混ぜ」と呼んでいます。最初の段階で生地にたくさんのすきま（気泡）をつくることで粉同士が直接、結びつくのを防ぐイメージです。このひと手間から軽くさらさらとした口どけが生まれます。

ハンドミキサーは大きくぐるぐると回し、生地をむらなく均等に泡立てる。

泡立て混ぜは、はじめにバターを適温にして、やわらかくなったところから泡立てはじめます。この「適温」はクッキーごとに異なりますので、必ず確認してください。

ハンドミキサーの使い方にもいくつかコツがあります。ミキサーの羽根は一か所で固定せず、ボウルの中でぐるぐると大きく回したほうがよく泡立ちます。そのため腕を動かしやすいようにボウルは体の正面ではなく、きき手の前に置いて作業します。これだけで作業効率が上がり疲れにくくなるので、お菓子作りも早く上達するでしょう。泡立て混ぜをしないクッキーでも、バターの温度と作業ポジションはつねに意識してください。

泡立て混ぜの詳しくはp.22と混ぜ方帖p.97へ

泡立てる前に、厚みをそろえたバターを電子レンジに短時間（数秒から十数秒間）かけてやわらかくする。すっと指が入る温度は約22℃で、本書の大半のレシピがこの温度からスタートOK。バターはとかさないように注意する。

泡立て混ぜのときは、あらかじめバターと砂糖をすり混ぜたりせず、いきなりハンドミキサーで泡立てる。

ミトン流

きき腕の前にボウルがあるように、ボウルを体の正面よりやや右側（左ききなら左側）に置く。作業台から15〜20cm離れて立ち、ひじを軽く前に出すようにすると、ひじを含めた腕の可動域が広がり作業しやすい。慣れないうちは作業台にテープなどで目印をつけるといい。

notミトン流

ボウルを体の正面に置くとわきが空いたり、ひじが上がったりして、ハンドミキサーを安定して大きく回すことができない。

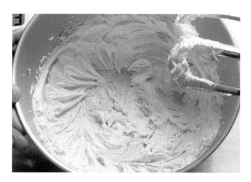

ハンドミキサーで泡立てた生地は、空気を含んで白っぽいクリーム状になる。これが軽やかでさらさらの口どけにつながる。

ゴムベラで混ぜただけの生地は気泡が少ないため、口あたりが重くなりがち。また、グラニュー糖がむらに混ざっている場合があり、この後で粉を加えても不均一な仕上がりになりやすい。

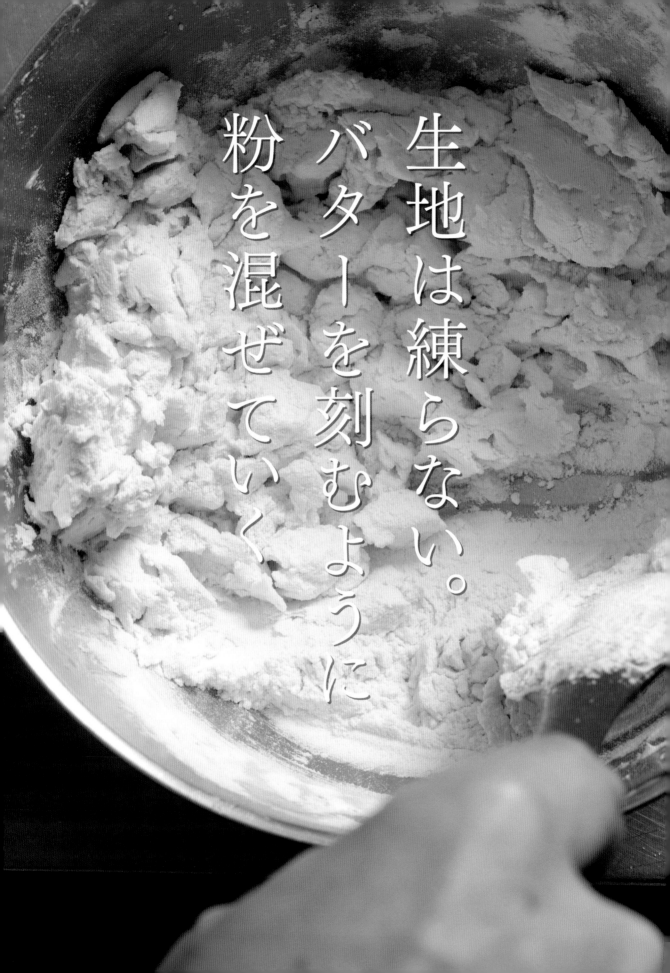

生地は練らない。
バターを刻むように
粉を混ぜていく

Ⅱ クッキー混ぜ

クッキーに専用の混ぜ方があるのかと驚かれるかもしれませんが、これはオーブンミトンのすべてのクッキーに共通する万能な混ぜ方です。混ぜるというより、バターを規則正しく刻む感覚でしょうか。ポイントはゴムべらの持ち方と動かし方。へらの先端が少ししなるくらいの圧力をかけ、下の写真のように、粉にしっかりと跡が残るくらいボウルに密着させて動かします。ほぼ真横に1cmほどの「一」の字を、ボウルの奥から手前まで10回（10本）ほど描いたら、ボウルを90度回して同じ動作をくり返します。このように混ぜると生地を練ることなく、気泡もつぶさずにふんわりと仕上がります。ボウルからへらの先が離れて底に粉や生地が貼りついたままだと、それが小さなかたい塊となって焼き上げたクッキーに残ってしまいます。混ぜ残しがないように、1回ごとゴムべらをていねいに動かしてください。

ゴムべらの先が少ししなるくらいに圧力をかけ、ボウルに密着させて動かす。ボウルの底に粉や生地を残さないので、混ざりむらが出にくい。

粉だけを入れたボウルでクッキー混ぜをすると、このような軌跡が残る。ほぼ真横に同じ圧力で混ぜ続けるためには、泡立て混ぜ（p.9）と同様にボウルをきき腕の前に置く。

クッキー混ぜは、粉が見えなくなれば完了です。最初は大きく不ぞろい
だった生地の塊も、次第に刻まれて小さな粉チーズほどの粒状になり
ます。最後の仕上げ方は2通りあり、ひとつはゴムべらを短く持ち替え
て、生地を切るようにしてつないでいく「つなぎ混ぜ」。あっという間に
まとまりますが、やりすぎると生地がかたくなるので注意しましょう。もう
ひとつは、生地をビニール袋やラップに包み、めん棒などで押しながら
成形と同時にまとめる方法。後者は各レシピの中で詳しく解説します。

クッキー混ぜの詳しくはp.23と混ぜ方帖p.98へ

notミトン流

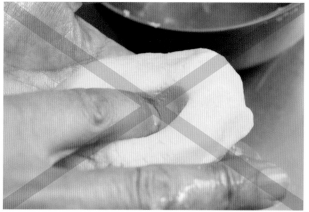

泡立て混ぜ（p.6）をせずにバターと砂糖を合わせ、粉を加えて
ただ混ぜた生地。右ページと同じ配合でも、かたくしまった仕
上がりになる。

［クッキー混ぜのはじめと終わり］

粉を加えたら、バターを刻むようにしてクッキー混ぜをする。

規則的に混ぜ続けると、次第に白い粉がなくなってくる。レシピごとに混ぜる回数や仕上がりの様子が違うので、生地の状態をよく観察し、粉が見えなくなったら次の工程へ。

［つなぎ混ぜ］

つなぎ混ぜは、ゴムべらを短く持ち替えて、手前に向かって生地をすぱっと切っていく。

こうしてまとめた生地には気泡が残り、仕上がりもふわりとやわらかい。

カードでのばして
圧力をかけながら
きめを整える

Ⅲ ミトン流フレゼ

フレゼ（フラゼ）は生地を仕上げる段階で、よりなめからに、均質に混ぜるために押しのばしたり、すり混ぜたりする製菓技法です。このミトン流フレゼも、一見すると生地を傷めてしまいそうな工程に見えますが、均等な圧力を加えることにより、グルテンの生成を抑えつつ生地のきめを整えます。生地の中の粉やバター、空気の粒を均一に整えていくイメージで、とくに繊細な食感を求めるクッキーには欠かせない技法です。ここでは、ご家庭でもできるように製菓用カードを使ったオリジナルの方法をご紹介します。カードの直線側に両手の指をそろえて置き、均等な圧力がかかるようにして、生地をすっすっと手前に引く動作をくり返します。

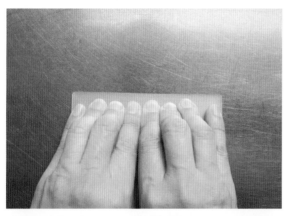

カードの直線側に、均等な力が伝わるように両手の指をそろえて置く。カードの裏側から親指で支える。

作業台に3mmほどの厚さで生地が残るように、カードを差し込んだところからスピードをつけてすっと手前に引く。

フレゼをすると生地のべたつきがなくなり、あつかいやすくなります。ふんわりした生地が少ししまり、しっとりとしてつやが出ます。ただし、フレゼをするのは1回のみ。強い圧力で押しつぶしたり、8cm以上長く引くと生地がダメージを受けてかたくなるので注意しましょう。

ミトン流フレゼの詳しくはp.24と混ぜ方帖p.100へ

notミトン流

力を入れすぎると生地が途中でちぎれて、うまく引くことができない。

生地がダメージを受けるので、長く引きすぎない。アイスボックスであれば約8cmまで。

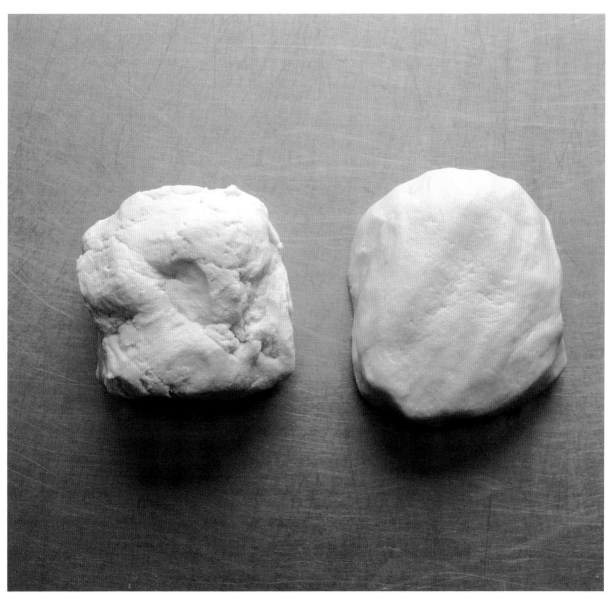

左がフレゼする前の生地。右がフレゼをして全体につ
やが出た生地。フレゼ後は生地が引き締まり、生地が
密につながって食感もより繊細に仕上がる。

材料のスタンバイも、ミトン流

口どけのよさにつながる均質な生地作りの技は、材料選びと準備にもあります。

細かい粒子のグラニュー糖も用意する

グラニュー糖は、一般的なものと「細粒」「細目」などと呼ばれる粒子の細かいもの2種類を使います。生地に混ぜるグラニュー糖は、溶けやすい粒子の細かいタイプがおすすめですが、入手しにくければ、一般的なグラニュー糖をすり鉢であたったり、フードプロセッサーにかけてみてください。クッキーの表面にまぶすときは、あえて一般的なサイズを使って、ちゃりっとした食感を楽しみます。

バターの厚みをそろえる

食塩不使用の発酵バターをメインに使っています。アーモンドなどほかの素材の味を引き立てたいときは、発酵と非発酵バターを合わせています。バターはあらかじめ1.3cmほどに厚みをそろえて計量し、ラップに包んで冷蔵保存しておくと便利です。厚みをそろえておくと全体の温度を均一に、かつ手早く適温にできます。使うときは電子レンジでごく短時間（数秒から十数秒間）だけ加熱します。湯せんにはかけないこと、冷たくてかたいバターを無理に混ぜないことも重要です。非接触型の温度計があると手軽に温度を確認できます。

ラップについたバターも分量に含まれるので、残さず使います。バターを包んでいたラップを作業台に貼りつけるように広げ、ゴムべらの直線側で左から右（左ききなら逆）に3段ではらってバターをこそげとる。最後に端に残ったバターも下から上にはらい、すべてボウルに移します。

少量でも卵を室温にする

卵が冷たいままだとバターの温度を下げてしまい、混ざりにくい原因になります。計量した卵は少量であっても室温において、20〜22℃にしておきましょう。オーブンミトンのクッキーは、卵黄の割合が多いレシピがいくつもあるので、卵黄と卵白は分けて計量します。全卵の場合はMサイズを使います。Lサイズは卵白の割合が多くなるからです。

製菓用小麦粉は選んで使う

同じ製菓用小麦粉でも、成分によって食感に大きな違いを生みます。お手持ちの粉を使っていただいて構いませんが、この本では日清製粉の「バイオレット」と「エクリチュール」の2種類を使っています。バイオレットは粒子が細かく、軽くソフトな食感をめざしてつくられている薄力粉です。フランス産小麦100%のエクリチュールは、分類的には中力粉です。粒子がやや粗めで、タンパク量やでんぷんの質に違いがあり、崩れるような食感のヨーロッパタイプの菓子に向くのが特徴。サクサク感を出しやすいのでおすすめです。左は、オーブンミトンでどちらの粉を使用しているかを粉別に記したものです。

「バイオレット」で作るクッキー

- 薄焼きサブレ（ハーブ、ナツメグ）
- くるみのショートブレッド
- パイクッキー
- ヘーゼルナッツのポルボロン
- アイスボックスクッキー（米粉、そば粉）
- ピーカンボール
- キッフェルン
- パイナップルケーキ
- スノーボール
- ヴィエノワ
- チーズクッキー
- シュプリッツ

「エクリチュール」で作るクッキー

- アイスボックスクッキー（シトロン／くるみ／チョコ／そば茶とココナッツ／ごま／紅茶／ハーブ）
- バーチ・ディ・ダーマ
- フレンチファッションクッキー
- 切り株クッキー
- キューブクッキー
- トライアングルクッキー
- カントゥッチ
- ジャムクッキー
- プレッツェル

その他	**粉糖**
	コーンスターチなどが入っていない、純粉糖を使います。

塩
湿り気のない自然塩「伯方の塩・焼塩」を使っています。0.1g単位で量れる電子スケールがない場合は、指3本でつまめる量が約0.3gなので目安にしてください。ほかの塩だと、同じ分量でも塩けの効き方が変わることがあります。

バニラペースト
ミコヤ香商社の「バニラペーストTAC」を使っています。天然バニラビーンズを使うときは、掲載分量の約5分の1を目安にしてください。

ナッツ類
アーモンドパウダーはカルフォルニア産キャーメル種を使っています。ほかのナッツ類も酸化していない新鮮なものを選び、冷蔵保存して早めに使いきりましょう。

柑橘類
できれば国産品でワックス不使用のものを選んでください。皮を使う場合は、表皮のみをごく薄く削りとります。

3つの混ぜ方の効果を味わう

アイスボックスクッキー

生地を冷やし固めて作るアイスボックスクッキーは、身近でもっとも親しまれているクッキーではないでしょうか。これを、泡立て混ぜ、クッキー混ぜ、ミトン流フレゼの3つの混ぜ方で作ると、サクッのあとに、さらさらとなくなっていく口どけのとてもいいクッキーになります。また、ミトン流はこの生地を紙を使って棒状にまとめるので、成形も手軽にでき、打ち粉を使う必要がないため風味や食感を損ないません。ひと味違うアイスボックスクッキーをぜひお試しください。

＼ 比べてみました！ ／

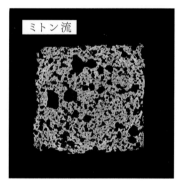

泡立て混ぜ、クッキー混ぜ、ミトン流フレゼをした生地は、サイズの大きい気泡が生地全体に行きわたって、さらに気泡同士のつながりが多い。

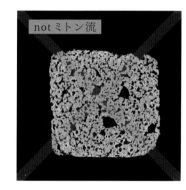

同じ配合でただ混ぜて焼いたもの。生地の目が詰まり、気泡のサイズは小さいものが多く孤立している状態。

撮影および分析協力
西津貴久（岐阜大学 応用生物科学部 教授）
上記2種の条件の焼成品をX線CTで測定し、空隙率（すきまの容積の割合）を比較。

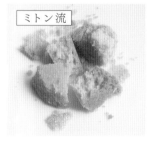

ミトン流（左）はさらさらと口の中でほどけて、あとに塊が残らない。生地の中につながった空隙があるため表面積が大きくなり、すぐにバターの風味が広がって香り高く、洗練された印象に。ただ混ぜたもの（右）はかたく、口の中で生地がもたついて、さらさらとした口どけにならない。

アイスボックスクッキー シトロン

ゆず、すだち、オレンジなどの柑橘をお好みで。
ここではレモンで焼きます。
生地を2等分してからミトン流フレゼをするので、
半分をシトロン、もう半分を紅茶や
ハーブのクッキー（p.53）にすることもできます。

材料 （36～38個分）

バター ... 100g
グラニュー糖（細粒）... 45g
卵黄 ... 9g
卵白 ... 6g
製菓用小麦粉（*）... 150g
レモンの皮 ... ¾個分

仕上げ用

　グラニュー糖（一般サイズ）... 適量

＊小麦粉に「バイオレット」を使用する場合は、
卵白を使わずに、卵黄16gにする。

準備

- バターは21～23℃にする。
- 卵黄と卵白をよく混ぜて、20～22℃にする。
- 小麦粉はふるう。
- 23×15cmに切った純白ロール紙を2枚用
  意する。
- オーブンは190℃に予熱する（焼成は170℃）。

I　泡立て混ぜをする

❶ 適温にしたバターとグラニュー糖を
ボウルに入れ、左手でボウルの縁の9
時（ハンドミキサーを持つ手と反対の
手。右手なら3時）の位置を支える。
ハンドミキサーは、羽根が底に当たる
ようにボウルに入れ、中速で泡立てる。
羽根がボウルにしっかりと当たってカタ
カタと音がするくらい、10秒間に15周
するくらいのスピードで大きく回しなが
ら泡立てる。基本（バター100gの場
合）は、1分30秒が目安。空気を含
み、白っぽくなってかさも増す。

さらに詳しくは p.97

❷ 適温にした卵を2回に分けて加え、そのつど同様に泡立て混ぜをする。半量を加えるごとにそれぞれ1分弱泡立てる。写真を参考にクリーム状になったら、羽根をはずしてバターを落とし、羽根に残ったバターは指でぬぐってボウルに入れる。ボウルの側面についたバターもゴムべらではらい、表面を平らにならす。

▶ 動画を見る

https://youtu.be/eQ3_vzIQMkA

Ⅱ クッキー混ぜをする　　さらに詳しくは p.98

❸ 小麦粉をもう一度ふるいを通してボウルに入れる。ゴムべらの面が上を向くように持って、ボウルの奥に入れ、先端が少ししなるくらいの圧力をかけながら、約1.5cm幅に一の字を描くように右から左へ（左手なら左から右へ）動かし、バターを直線的に切る。ボウルの底にバターを残すことがないようへらの先をつねにボウルに密着させ、圧力を変えずに一定のスピードを保って、奥から手前まで10本の一文字を描く。手前まで切ったらボウルを90度回転させて、同じことをくり返す。次第に刻まれたバターに粉がまぶされ、粉チーズのようになる。

❹ 10回ほどくり返すと粉が見えなくなってくるので、カードでゴムべらの生地をきれいに落とし、生地をまとめるためのつなぎ混ぜをする。今度はへらの部分を親指で押さえて持つ。ゴムべらをボウルの奥から手前へまっすぐに、生地をすぱっと切る感覚で手早く引く。ボウルを少しずつ回してそのつど違う箇所を切ることを8〜10回くり返すとつながってくるので、手で軽くまとめる。ふわりとした生地になる。

▶ 動画を見る

https://youtu.be/akbFONi8OOc

レモンを加える

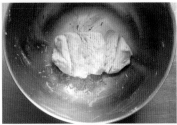

❺ レモンの皮をすりおろして加える。練り混ぜないように、カードで生地を刻むようにして粗く混ぜ込む。

＊このとき生地をあらかじめ2分の1に分けておき、一方にレモン、残り半分にハーブや紅茶（p.53）を加えれば、一度に2種類作ることもできる。

Ⅲ ミトン流フレゼをする　さらに詳しくはp.100

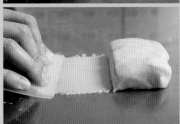

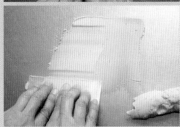

❻ 生地を計量して半分にし、それぞれフレゼする。生地をカードの幅より少しせまく、厚みは約3cmにまとめて、作業台に置く。カードの直線側に両手の4本の指をそろえて均等に力が入るように当て、裏側から親指ではさんで持つ。生地の手前から1.5cmくらいのところにカードをさし込んで、台に3mmほど生地を残していったん止める。生地の厚み3mmを保ちつつ、かなりのスピードをつけてすっと8cmくらい手前に引く。スピードもかける圧力も一定を保って、約2cmずつリズミカルに生地の山をフレゼしていく。最後は両端にはみ出た生地を左右それぞれフレゼする。フレゼは1回のみ。残り半分の生地も同様にフレゼする。

▶ 動画を見る

https://youtu.be/J3Hh5lTeo94

成形する

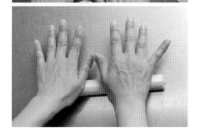

❼ 純白ロール紙を使って生地を棒状にまとめる。用意したロール紙の手前に生地を置き、太さが均等になるように整えながら、ロール紙の幅に合わせて長さ23cmの棒状にする。カードを使って生地をロール紙に乗せ、紙で巻いていく。生地の角をならして円柱に整える。指先で軽く押さえ、そのまま手のつけ根まで使って転がすことを数回くり返してきれいな円柱にする。残りの生地も同様にする。

❽ 冷蔵庫で約1時間、または冷凍庫で約30〜40分間冷やして、カットできるくらいまでしっかりと固める。

＊このままラップで包めば、冷蔵庫で約10日間、冷凍庫なら約1か月間保存できる。冷凍した場合は、焼く30分ほど前に冷蔵庫に移してカットできるかたさまで解凍する。

焼成する

❾ オーブンを190℃に予熱する。天板にオーブンシートを敷く。仕上げ用グラニュー糖を紙の上に広げ、紙をはずしたクッキー生地を軽く押しながら転がして、表面にグラニュー糖をしっかりとまぶしつける。余分なグラニュー糖は軽くはたいて落とす。約1.2cm幅の18〜19個分に切る。刃渡りの長いナイフを使って、切り口が垂直になるように峰に置いた手の重みでまっすぐに切る。

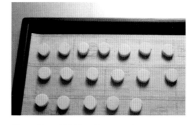

❿ 天板に間隔を空けて並べる。

⓫ オーブンに入れて170℃に下げ、17〜20分間焼く。上面にうっすらと焼き色がつき、裏全体にしっかりと焼き色がついたものから取り出し、網にとって冷ます。

サクサクやさらさらの口どけや、バターの風味の広がりは、焼き加減にも左右されます。焼き足りないと粉が粘ってサクサクとしませんが、焼きすぎるとバターの風味がとんで粉の焦げた味が勝ってしまいます。写真はアイスボックスクッキーですが、すべてのクッキーに共通の焼き加減です。温度はレシピを守り、焼き時間は目安として状態で判断してください。オーブンによる違いや、クッキー生地の焼成前の温度の違いで、焼き時間は変わります。

＊この本のクッキーは、ミーレ社（ドイツ製）の電気コンベクションオーブンで焼きました。

ミトン流

notミトン流

縁の焼き色がやや濃くなり、中心にもうっすらと焼き色がついたら、返して裏の焼き色を確認する。裏には全面にきれいな焼き色がついていたら取り出す。表全体に濃い焼き色がつくまでは焼かないことで、香ばしさと中心部のバターの香りが楽しめる。

半分に切って確認するのもおすすめ。周囲は焼き色がついているが、中心部に焼き色がつくまで焼かない。

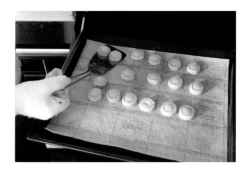

オーブンは扉を開けたときに温度が下がるため、予熱は焼成温度より20℃以上高くする。オーブンによっては、焼き時間の後半で天板の奥と手前を入れ替える。ただし、途中で扉を開けるたびに温度が下がるので、扉の開閉回数と時間はできるだけ少なくし、その後は焼き時間を5〜10分ほど長くする。焼き上がったクッキーは、へら先の薄いターナーでそっと数個ずつ取り出すといい。

＊天板に一度に乗りきらない生地は、もう1枚の天板（またはオーブンシート）に並べたり（または絞り出したり）しておき、続けて2回めに焼く。1回めの天板を利用する場合は、裏面を流水に当てて冷ましてから使う。

焼き上がったら網の上で完全に冷ます。

Mitten's lesson
Basic Techniques

Ⅰ 泡立て混ぜ　Ⅱ クッキー混ぜ　Ⅲ ミトン流フレゼ

3つの混ぜ方の
組合せで作るクッキー

3つの混ぜ方を組み合わせるだけで、さまざまなクッキーを作ることが
できます。多くはさらさらとしたきめの細かい食感ですが、中には、ショー
トブレッドのようなザクザクとしたタイプや、パイクッキーのように生地が
層になるものもあります。もちろん、食べ進めるうちに生地がほどけてな
くなっていく口どけはすべてのクッキーに共通です。3つの混ぜ方のう
ち、クッキー混ぜは全レシピで使いますが、泡立て混ぜとミトン流フレ
ゼは、するものとしないものがあります。どの技法を採用して何と組み
合わせるかは、それぞれクッキーの個性に合わせて決めています。

ハーブの薄焼きサブレ

空気を含ませないで作る生地は、バターの風味をより強く感じます。
薄く焼くことで、パリッと砕けたあとの軽やかなザクザク感へと続き、
ローズマリーとタイムの香り、バターの風味が一気に広がります。
作り方→p.36

ナツメグの薄焼きサブレ

ナツメグとバターの相性がくせになる味わい。
ショートブレッドタイプのシンプルな配合ですが、
クッキー混ぜで均一な口どけが心地いい、かぐわしいクッキーです。

作り方→p.37

くるみのショートブレッド

生地の中の粉状のくるみがザクザクした食感を作ります。
つながりにくい生地なので、
無理にまとめずに型にきっちりと詰めて焼き上げます。
表面の香ばしさと中心の温かみある味わいが
どちらも楽しめるのは、この厚みだからこそ。
作り方→p.38

パイクッキー クミン／ごま／チーズ

甘みはかくし味程度にしか加えない塩味のクッキー。
クッキー混ぜで最後のつなぎ混ぜを多めにすることで
パイのような層になって焼き上がります。

作り方→p.39

バーチ・ディ・ダーマ

「貴婦人のキス」という名の北イタリアの伝統菓子。
ピエモンテ地方で出合ったバーチ・ディ・ダーマは、どれも個性豊かでした。
地元のシェフに習ったレシピで作っていますが、
クッキー混ぜにより軽やかな口どけになりました。
作り方→p.40

ヘーゼルナッツのポルボロン

スペインの修道院で生まれたという伝統菓子で、「ポルボ（粉やちりの意）」が語源という、
崩れるようなほろりとした口あたり。バスク州ビルバオの老舗のものは、
ヘーゼルナッツの香りが印象的でした。本来はアーモンドパウダーで作りますが、
ヘーゼルナッツを合わせ、ビニール袋を利用した手軽な作り方を考えました。

作り方→p.41

フレンチファッションクッキー

ココナッツ／ヘーゼルナッツ／サブレフレーク

フランスで最近よく目にする大ぶりの短冊形のクッキー。
友人のニコラシェフのレシピを日本人に合うようにアレンジしています。
簡単なのに、加えた具材のザクザクした歯ごたえと風味がとても個性的です。
サブレフレークは、クレープのような薄い生地を焼いて砕いた製菓材料のこと。
作り方→ p.42

ハーブの薄焼きサブレ

材料 （13〜14枚分）

バター ... 100g

グラニュー糖（細粒）... 45g

a 製菓用小麦粉 ... 110g

└ コーンスターチ ... 25g

塩 ... 0.2g

タイム、ローズマリーの葉

　　 ... 合わせて2g

仕上げ用

　 グラニュー糖（一般サイズ*）... 適量

　 ハーブ（飾り用）... 適量

*表面にグラニュー糖をまぶしてから焼く。一般的なサイズは焼いてもとけきらないため、ザクザクとした食感が味わいのポイントになる。

準備

- バターは20〜22℃にする。
- **a**を合わせてふるう。
- 天板にオーブンシートを敷く。
- オーブンは190℃に予熱する（焼成は170℃）。

❶ ハーブは、タイムの葉をしごき取り、ローズマリーの葉とともに3〜4mm長さに刻む。

❷ ボウルに適温にしたバターとグラニュー糖を入れ、ゴムべらを短く持って、先端がしなるくらいボウルに密着させながらばたばたと動かして、全体をなめらかに混ぜる。表面を平らにならす。

II → p.98
クッキー混ぜをする

❸ ふるって合わせた**a**をもう一度ふるいを通して加え、塩、①のハーブも入れて、クッキー混ぜをする。つなぎ混ぜをして生地をまとめる。

❹ 生地を約20gずつに分ける。

❺ 手で軽く丸め、仕上げ用グラニュー糖を入れたボウルの中で転がす。グラニュー糖をむらなくまぶしたら、手のひらの上で、反対の手の親指のつけ根で押しながら丸く広げ、天板に置いてさらに厚みを均一にして直径8cmほどの円にする。

❻ 残りの生地も同様にして、天板に並べ、飾り用ハーブを表面に押しつけるようにして貼る。

❼ 170℃のオーブンで13〜15分間を目安に焼く（焼き加減→p.26）。焼き上がりはやわらかいので、天板のまま粗熱をとってから、網に移して冷ます。

ナツメグの薄焼きサブレ

材料 （13〜14枚分）

バター ... 100g
グラニュー糖（細粒）... 50g
製菓用小麦粉 ... 142g
ナツメグ（*）... 1.5g（約小さじ1½）

＊ナツメグは、できればホールをすりおろして使う。
香りが引き立ちます。

準備

- バターは20〜22℃にする。
- 小麦粉をふるう。
- 天板にオーブンシートを敷く。
- オーブンは190℃に予熱する
  （焼成は170℃）。

❶ ボウルに適温にしたバターとグラニュー糖を入れ、ゴムべらを短く持って、先端がしなるくらいボウルに密着させながらばたばたと動かして、全体をなめらかに混ぜ、表面を平らにならす。

Ⅱ → p.98
クッキー混ぜをする

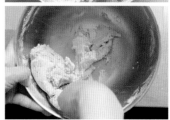

❷ ふるった粉をもう一度ふるいを通して加え、クッキー混ぜをする。ナツメグを加えてから、つなぎ混ぜをして生地をまとめる。

❸ 生地を約20gずつに分ける。

❹ 手で軽く丸め、手のひらの上で反対の手の親指のつけ根を使って丸く広げ、天板に置いてさらに厚みを均一にして直径7cmほどの円にする。残りの生地も同様にして、天板に並べる。

❺ 170℃のオーブンで13〜15分間を目安に焼く（焼き加減→p.26）。焼き上がりはやわらかいので、天板のまま粗熱をとってから、網に移して冷ます。

くるみのショートブレッド

材料（φ15cmのセルクル、または丸型1台分）

バター ... 60g
グラニュー糖（細粒）... 35g
製菓用小麦粉 ... 105g
塩 ... 0.2g
くるみ ... 27g

準備

- バターは20〜22℃にする。
- 小麦粉をふるう。
- 天板にオーブンシートを敷く。
- セルクルはそのまま、丸型は底に丸く切ったオーブンペーパーを敷き、天板に置く。
- オーブンは190℃に予熱する（焼成は170℃）。

❶ くるみは、フードプロセッサーで粉状にする。

❷ ボウルに適温にしたバターとグラニュー糖を入れ、ゴムべらを短く持って、先端がしなるくらいボウルに密着させながらばたばたと動かして、全体をなめらかに混ぜ、表面を平らにならす。

Ⅱ → p.98

クッキー混ぜをする

❸ ふるった粉をもう一度ふるいを通して加え、塩、くるみも加えて、クッキー混ぜをする。つなぎ混ぜをするが、まとまらなくても全体が均質になればいい。

❹ セルクル（または丸型）に入れる。カードで平らにならし、カードと手で押してきっちりとつめる。表面にナイフやフォークで筋をつけて模様を描いておくと楽しい。

❺ 170℃のオーブンで20分焼き、160℃に下げて25〜28分間を目安に焼く。軽く押すとやわらかいが、生っぽい頼りなさがなくなり、うっすら焼き色がつくまで焼く。天板のまま粗熱をとり、セルクルを（または型から）はずして、側面に焼き色がついていることを確認する。冷めたら好みの大きさに切り分ける。

パイクッキー

クミン

材料（作りやすい分量）

バター ... 100g

a グラニュー糖（細粒）... 5.5g
　塩 ... 3.3g
　製菓用小麦粉 ... 150g
　全粒粉 ... 38g
　クミンシード ... 5.5g
生クリーム（乳脂肪分45%）... 66g

準備

- バターは20〜22℃にする。
- 小麦粉は目の細かいふるいで、全粒粉は粗いふるいでそれぞれふるい、**a**の材料を合わせる。
- 25×35cmのビニール袋、ルーラー（当て木。2本）とめん棒を用意する。
- オーブンは200℃に予熱する（焼成は180℃）。

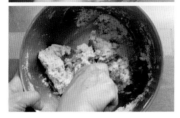

❷ 粉が少し残っているところで生クリームを回し入れ、さらにクッキー混ぜをする。生クリームがなじんだら、つなぎ混ぜをする。

❸ 生地をビニール袋に入れて、5mmの厚さにのばす。ルーラーの間に生地を置き、はさみ込むようにして袋の角にきっちりと収まるようにめん棒で押しのばし、生地をつなげて四角くする。約25×22cmになる。冷蔵庫で2時間以上冷やす。

＊ルーラーは、角材でも代用可。5×10mm角が便利。

＊このまま冷凍保存できる。

❹ オーブンを予熱する。天板にオーブンシートを敷く。

II → p.98

クッキー混ぜをする

❶ ボウルに適温にしたバターを入れ、ゴムべらで均質に練ってから平らにならし、**a**を加えてクッキー混ぜをする。

＊まとまりにくい配合なので、ときどきp.99の裏技を使って混ぜるといい。

❺ ③のビニール袋を切り開き、パイカッター、またはナイフで3cm角に切り分ける。天板に並べる。

❻ 180℃のオーブンで15〜18分間を目安に、表面にうっすらと、裏は全面に焼き色がつく程度に焼き、網にとって冷ます。

パイクッキー　ごま

aをグラニュー糖（細粒）3g、塩3g、製菓用小麦粉150g、全粒粉34g、炒りごま50gにして、同様にする。ビニール袋でのばしたときの目安は、約25×29cm。

＊ごまは、白、黒好みで。洗いごまを香ばしく炒ってから使うのがおすすめ。

パイクッキー　チーズ

aをグラニュー糖（細粒）6g、塩1g、製菓用小麦粉150g、全粒粉35g、エダムチーズのすりおろし、または粉のパルメザンチーズ54gにして、同様にする。ビニール袋でのばしたときの目安は、約25×27cm。

バーチ・ディ・ダーマ

材料 （16〜26個分）

バター ... 50g

a　ヘーゼルナッツ...56g

　　グラニュー糖（細粒）... 54g

　　塩 ... 0.2g

製菓用小麦粉（＊1）... 58g

クーベルチュールチョコレート

　　（カカオ分55%＊2）... 40g

「マイクリオ」（＊3）... 0.4g

＊1　よりさらさらとした口どけを表現するため「エクリチュール」がおすすめ。

＊2　カカオバリー社の「エクセランス」を使用。

＊3　少量のテンパリングを簡易なものにするカカオバリー社の製品。カカオバター100%で、チョコレートコーティングする際や、ムースなど冷菓を固めるときにも利用できる。

準備

- バターは20〜22℃にする。
- 小麦粉、「マイクリオ」はふるう。
- 天板にオーブンシートを敷く。
- オーブンは180℃に予熱する（焼成は160℃）。
- OPPフィルムを三角形に切って巻き上げ、コルネ（絞り袋）にする。

❶　ヘーゼルナッツは160℃のオーブンで20分ほどローストする。

❷　**a**をフードプロセッサーで細かくなるまで粉砕する。小麦粉も加えて、再度軽く撹拌して均一に混ぜる。

II → p.98

クッキー混ぜをする

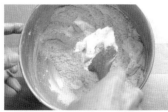

❸　ボウルに適温にしたバターを入れ、ゴムべらでなめらかに混ぜて、表面をならす。②を入れて、クッキー混ぜをする。粉気が多く、まとまりにくいので、つなぎ混ぜは不要。粉が見えなくなったら、手で軽く押してまとめる。

❹　生地を3〜5gくらいに分けて、丸める。まとまりにくいので、少しこつがいる。生地を手のひらではさみ、親指のつけ根でぎゅっとつぶしてから、手のひらのくぼみを利用して丸める（手丸めフレゼp.69はしない）。

---

❺　160℃のオーブンで14分間を目安に焼く（焼き加減→p.26）。焼けたものから取り出す。大きさがそろっていないときは、とくに注意。

❻　刻んだチョコレートを湯せんにかけ、40〜45℃にしてから34℃くらいまで下げたところで「マイクリオ」を入れて、なめらかにとかす。作ったOPPのコルネに入れる。

❼　⑤を完全に冷まし、大きさをそろえてペアにし、片方を裏返して、間隔をつめて並べる。⑥のコルネの先端を少し切り、そこから裏返したクッキーの上にチョコレートを絞り出す。固まりかけたところを見計らってもう1個を重ねてはさむ。

ヘーゼルナッツの
ポルボロン

材料（3.3×3.7cmのだ円の抜型約15個分 ＊1）

a バター ... 30g
└ ラード ... 30g
粉糖 ... 54g
シナモンパウダー ... 2〜3g（小さじ1〜1½）
製菓用小麦粉 ... 60g
b アーモンドパウダー ... 10g
└ ヘーゼルナッツパウダー（＊2）... 50g

仕上げ用
　粉糖 ... 適量

＊1　φ3.5cmの丸型を手でつぶして使用。丸みのある抜き型であれば好みのサイズでいい。

＊2　なければ、アーモンドパウダー計60gで作る。その場合は、レモンの皮のすりおろし5分の1個分を加えるのがおすすめ。

準備

- バターとラードは20〜22℃にする。
- 小麦粉、粉糖は、それぞれふるう。
- **b**を合わせて、目の粗いふるいでふるう。
- 天板にオーブンシートを敷く。
- 18×25cmのビニール袋、ルーラー（当て木。2本）、めん棒を用意する。
- オーブンは170℃に予熱する（焼成は150℃）。

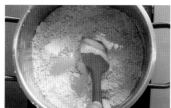

❶ 小麦粉を強火弱にかけたフライパンで混ぜながらから炒りし、一部に焼き色がついたら火を弱めて7〜8分間、きな粉色になるまで炒る。紙に広げて冷まし、再度ふるう。

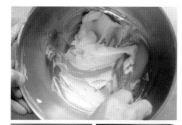

❷ ボウルに適温にした**a**を入れ、ゴムべらでなめらかに混ぜる。粉糖とシナモンパウダーを入れ、ゴムべらを短く持って、なめらかにすり混ぜる。表面を平らにならす。

Ⅱ → p.98
クッキー混ぜ をする

❸ ①の小麦粉と**b**を混ぜたものを加え、クッキー混ぜをする。つなぎ混ぜまでするが、ひとまとめにならなくていい。

❹ 手でまとめて、ビニール袋に入れ、1cmのルーラーではさみ込んで、袋の角にきっちりと収まるようにめん棒で押しのばす。約18×11cmになる。冷蔵庫で30分以上冷やす。

❺ ④をまな板の上に置き、ビニール袋を切り開いて型で抜き、天板に並べる。残った生地は、まとめ直して1cm厚さにのばし、同様にする。

❻ 150℃のオーブンで約13分間、押してもすぐにはへこまないようになるまで焼き、天板のまま冷ます。完全に冷めたら、紙の上にすきまなく並べて、粉糖を茶こしを通してうっすらとふる。

フレンチファッション
クッキー

ココナッツ

材料（18〜24枚分）

バター ... 100g

グラニュー糖（細粒）... 63g

a 製菓用小麦粉（*）... 167g

 ┌ ココナッツファイン ... 20g

 └ 塩 ... 0.6g

仕上げ用

 ココナッツファイン ... 適量

＊ザクザクとした食感が出るので「エリクチュール」がおすすめ。

準備

- バターは20〜22℃にする。
- 小麦粉はふるい**a**を合わせる。
- 25×35cmのビニール袋、ルーラー（当て木。2本）、めん棒を用意する。
- オーブンは180℃に予熱する（焼成は160℃）。

❶ ボウルに適温にしたバターとグラニュー糖を入れ、ゴムべらを短く持って、ボウルの底で先端がしなるくらい密着させながらばたばたと動かして、全体をなめらかに混ぜる。表面を平らにならす。

$\boxed{\text{II}}$ → p.98

クッキー混ぜをする

❷ **a**を加えてクッキー混ぜをする。粉が見えなくなり、粉チーズ状になればいい。つなぎ混ぜは不要。

＊粉が多いので、最後はp.99の裏技を使って混ぜるといい。

❸ 生地を粉チーズ状のままビニール袋に入れる。はじめは袋を小さく折り、厚みのある状態でめん棒で押して圧力をかけていく。ビニール袋がのびるくらいに何回かくり返して押しのばすと次第にしっかりとつながる。5mmのルーラーではさみ、約24×21cmにのばす。冷凍庫でかたく凍らせる。

＊ルーラーは、角材でも代用可。5×10mm角が便利。

＊このまま冷凍保存できる。

❹ オーブンを予熱する。天板にオーブンシートを敷く。

❺ ③がかたいうちに袋のまま長辺（24cmのほう）を3等分に切り、上面のみビニールをはがす。短い辺は8〜9等分に切り、片端に水（分量外）を刷毛で塗り、ココナッツファインをふる。はがれにくくするため、上から軽く押す。

❻ 天板に並べ、160℃のオーブンで20〜23分前後を目安に焼く（焼き加減→p.26）。網にとって冷ます。

フレンチファッションクッキー

ヘーゼルナッツ

材料 （18〜24枚分）

バター ...100g

グラニュー糖（細粒）...73g

a 製菓用小麦粉 ...160g
塩 ...0.5g
ヘーゼルナッツ（＊）...70g

＊ヘーゼルナッツは、160℃のオーブンで約20分間ローストして、フードプロセッサーにかけて粉砕する。

＊ヘーゼルナッツの代わりに、カシューナッツ、ピーナッツ、スライスアーモンド、ごまなどでも楽しめる（ごまは粉砕せずにそのまま使う）。

フレンチファッションクッキー

サブレフレーク

材料 （18〜24枚分）

バター ...100g

グラニュー糖（細粒）...25g

ブラウンシュガー ...60g

アーモンドパウダー ...70g

a 製菓用小麦粉 ...120g
サブレフレーク（＊）...30g

＊サブレフレークは、カカオバリー社「パユテ・フォユティーヌ」を使用。手に入らなければ、コーンフレークスで代用する。

＊写真は、サブレフレーク

作り方は、「ココナッツ（左ページ）」を参照。サブレフレークは、作り方①でグラニュー糖、ブラウンシュガー、アーモンドパウダーを加える。ヘーゼルナッツ、サブレフレークともに、作り方②で**a**を加えてクッキー混ぜをする。成形は、5mm厚さ、約24×23〜25cm。焼成も、ココナッツと同様。

切り株クッキー

バターの多い配合の生地を厚めに切って焼くので、
下が少し広がります。
そのかわいらしい姿から名前をつけました。
ぽりっと割れてさっくり砕け、ミルキーさが広がるクッキーです。
作り方→p.50

アイスボックスクッキー くるみ

口どけのよい生地だからこそ、香ばしいくるみを引き立てます。
温かみある風味とバターの余韻を楽しんでください。
たっぷりのくるみでより食感もよく、おすすめのアイスボックスクッキーです。
作り方→p.51

アイスボックスクッキー
チョコ／そば茶とココナッツ／ごま／紅茶／ハーブ

チョコはフランス産ココアとカカオ分の高いクーベルチュールを使った深みのある味わいです。
チョコ以外は、生地の配合が同じなので、一度に2種類のクッキーを作ることができます。
作り方→チョコp.52、そば茶とココナッツ／ごま、紅茶／ハーブp.53

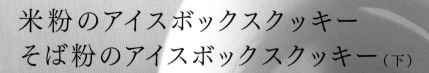

米粉のアイスボックスクッキー
そば粉のアイスボックスクッキー(下)

小麦粉に上新粉かそば粉を加えたアイスボックスです。
それぞれの粒子の粗さが、よりさらさらとした口どけを作ります。
米粉はやさしいレモンの香り、そば粉は繊細なそばの香りを楽しんでください。
作り方→米粉p.54、そば粉p.55

キューブクッキー 抹茶／きな粉

ぽりっとひとかみした後に、さらさらととけるような食感が不思議なクッキー。
生地自体は甘さひかえめ。バターにもよく合う和風味の粉糖をたっぷりまぶします。
作り方→p.56

トライアングルクッキー
マカダミアナッツ／ほうじ茶

三角形にして焼くことで、先端はこんがりと香ばしく、
ふくれた中心部はさっくりとしてバターが香り、
変化のある風味と食感を楽しめます。素朴な見た目ですが、
意外なほどさらさらの口どけ。最新ヒット作のクッキーです。
1回で2種類の風味を焼くことができます。
作り方→p.58

49

切り株クッキー

材料 （約30個分）

バター ... 100g
粉糖 ... 35g
製菓用小麦粉（*）... 138g
塩 ... 0.2g

仕上げ用
　グラニュー糖（細粒）... 適量

*よりさらさらとした口どけを表現するため、
「エクリチュール」がおすすめ。

準備

- バターは21〜23℃にする。
- 小麦粉はふるう。
- 30×15cmに切った純白ロール
  紙を2枚用意する。
- オーブンは180℃に予熱する
  （焼成は160℃）。

❶ ボウルに適温にしたバターと粉
糖を入れ、ゴムべらを短く持って、
ボウルの底で先端がしなるくらい密
着させながら、空気が入らないよう
にすり混ぜる。表面を平らにならす。

Ⅱ → p.98
クッキー混ぜをする

❷ ふるった粉をもう一度ふるいを
通して加え、塩も入れて、クッキー
混ぜをする。つなぎ混ぜもして生地
をまとめるが、ほろりとしているの
で手でひとまとめにして取り出す。

Ⅲ → p.100
ミトン流フレゼをする

❸ 生地を計量して半分にし、そ
れぞれミトン流フレゼをする。フレ
ゼは軽めにするのがコツ。引くとき
に生地は台に5mmほど残し、約
3cmずつフレゼして、基本より回数
を少なめにする。

❹ アイスボックスクッキーシトロン
（p.22）を参考にして、生地をそれ
ぞれ長さ30cmの棒状にし、用意
したロール紙で包んで形を整える。
冷蔵庫で1時間、または冷凍庫で
30分以上冷やして、カットできるく
らいしっかりと固める。

＊冷蔵、または冷凍で保存できる期間
の目安も、アイスボックスクッキーシトロン
（p.22）同様。

❺ オーブンを予熱する。天板に
オーブンシートを敷く。仕上げ用グ
ラニュー糖を紙の上に広げ、紙を
はずした生地を軽く押しながら転が
して、表面にグラニュー糖をしっか
りとまぶしつけ、余分は軽くはたい
て落とす。それぞれ約2cm幅の15
個分に切る。下が広がることを考
えて、天板に間隔を空けて並べる。

❻ 160℃のオーブンで24〜27分
間を目安に焼く（焼き加減→p.26）。
網にとって冷ます。

アイスボックスクッキー

くるみ

材料 （約46個分）

バター ... 100g
グラニュー糖（細粒）... 50g
塩 ... 0.2g
卵黄 ... 9g
卵白 ... 7g
製菓用小麦粉 ... 150g
くるみ ... 90g

仕上げ用

ブラウンシュガー ... 適量

*小麦粉に「バイオレット」を使用する場合は、卵白を使わずに、卵黄16gにする。

準備

- バターは21〜23℃にする。
- 卵黄と卵白をよく混ぜて、20〜22℃にする。
- 小麦粉はふるう。
- 30×15cmに切った純白ロール紙を2枚用意する。
- くるみは、1cm角くらいに刻む。
- オーブンは190℃に予熱する（焼成は170℃）。

I → p.97

泡立て混ぜをする

❶ 適温にしたバターとグラニュー糖、塩をボウルに入れて、泡立て混ぜをする。卵を2回に分けて加え、そのつど泡立て混ぜをして、表面を平らにならす。

II → p.98

クッキー混ぜをする

❷ ふるった粉をもう一度ふるいを通して加え、クッキー混ぜをする。つなぎ混ぜもして生地をまとめる。

III → p.100

ミトン流フレゼをする

❸ 生地を計量して半分にし、それぞれミトン流フレゼをする。

❹ 生地をボウルに入れ、くるみを半量の45g入れて、カードで生地を刻むようにして粗く混ぜ込む。少々むらがあってもいい。くるみをなるべく中に押し込むようにしてひとまとめにする。残りも同様にする。

---

❺ アイスボックスクッキーシトロン（p.22）を参考にして、生地を長さ30cmの棒状にし、用意したロール紙で包み、転がしながら形を整える。冷蔵庫で1時間、または冷凍庫で30分以上冷やして、カットできるくらいしっかりと固める。

＊冷蔵、または冷凍で保存できる期間の目安も、アイスボックスクッキーシトロン（p.22）同様。

❻ オーブンを予熱する。天板にオーブンシートを敷く。仕上げ用ブラウンシュガーを紙の上に広げ、紙をはがした生地を軽く押しながら転がして、表面にしっかりとまぶしつけ、余分は軽くはたいて落とす。それぞれ約1.3cm幅の23個分に切り、天板に間隔を空けて並べる。

❼ 170℃のオーブンで20分間を目安に焼く（焼き加減→p.26）。網にとって冷ます。

アイスボックスクッキー

チョコ

材料（約46個分）

バター ... 100g

a グラニュー糖（細粒）... 35g
  ブラウンシュガー ... 35g
  塩 ... 1.3g

卵黄 ... 9g

卵白 ... 7g

b 製菓用小麦粉 ... 120g
  カカオパウダー（＊1）... 25g
  シナモンパウダー ... 4g

クーベルチュールチョコレート
（カカオ分70%＊2）... 90g

仕上げ用
  ブラウンシュガー ... 適量

＊1　ペック社製を使用。

＊2　ヴァローナ社の「グアナラ」を使用。

＊小麦粉に「バイオレット」を使用する場合は、卵白を使わずに、卵黄16gにする。

準備

- バターは21〜23℃にする。
- **a**を合わせる。
- 卵黄と卵白をよく混ぜて、20〜22℃にする。
- **b**を合わせてふるう。
- 30×15cmに切った純白ロール紙を2枚用意する。
- オーブンは180℃に予熱する（焼成は160℃）。

❶ チョコレートは、5〜8mm角に刻む。

＊かたいときは軽く電子レンジにかけてほどよくやわらかくしてから刻む。粉状の無駄が出にくくなる。

I → p.97
泡立て混ぜをする

❷ 適温にしたバターと**a**をボウルに入れて、泡立て混ぜをする。卵を2回に分けて加え、そのつど泡立て混ぜをして、表面を平らにならす。

II → p.98
クッキー混ぜをする

❸ ふるった**b**をもう一度ふるいを通して加え、クッキー混ぜをする。つなぎ混ぜもして生地をまとめる。

III → p.100
ミトン流フレゼをする

❹ 生地を計量して半分にし、それぞれミトン流フレゼをする。

＊生地がなめらかにのびにくい。かすれてのびたりしても、基本を守ってフレゼすれば大丈夫。

❺ 生地をボウルに入れ、刻んだチョコレートを半量の45g入れて、カードで生地を刻むようにして粗く混ぜ込む。チョコレートが中に入るようにしてひとまとめにする。残りも同様にする。

❻ アイスボックスクッキーシトロン（p.22）を参考にして、生地を長さ30cmの棒状にし、用意したロール紙で包み、転がしながら形を整える。冷蔵庫で1時間、または冷凍庫で30分以上冷やして、カットできるくらいしっかりと固める。

＊冷蔵、または冷凍で保存できる期間の目安も、アイスボックスクッキー（p.22）同様。

＊チョコレートが入ると生地がしまりやすいので、ここまで手早く作業する。

❼ オーブンを予熱する。天板にオーブンシートを敷く。仕上げ用ブラウンシュガーを紙の上に広げ、紙をはずした生地を軽く押しながら転がして、表面にブラウンシュガーをしっかりとまぶしつけ、余分は軽くはたいて落とす。それぞれ約1.3cm幅の23個分に切り、天板に間隔を空けて並べる。

❽ 160℃のオーブンで22分間を目安に焼く。焼き色がわかりにくいので、表面が乾いてきたら軽く押し、すぐにへこまないことを確認して取り出す。網にとって冷ます。

アイスボックスクッキー

そば茶とココナッツ／ごま

材料（36〜38個分）

バター ... 100g
グラニュー糖（細粒）... 45g
卵黄 ... 9g
卵白 ... 7g
製菓用小麦粉 ... 150g
a そば茶 ... 約16g（大さじ2）
└ ココナッツファイン ... 約12g（大さじ2）
または
b 炒り白ごま（＊1）... 30g
仕上げ用
　グラニュー糖（一般サイズ）... 適量

＊1 洗いごまを炒って使うのがおすすめ。
＊小麦粉に「バイオレット」を使用する場合は、卵白を使わずに、卵黄16gにする。

準備

- バターは21〜23℃にする。
- 卵黄と卵白をよく混ぜて、20〜22℃にする。
- 小麦粉はふるう。
- 23×15cmに切った純白ロール紙を2枚用意する。

❶ 生地の作り方と成形は、「アイスボックスクッキーシトロン（p.22）」と同様。そば茶とココナツは**a**を、ごまは**b**を加えるが、混ぜ方は「アイスボックスクッキーくるみ（p.51）」と同様。2種類作るときは、**a**と**b**それぞれ半量ずつ用意して加える。

❷ 冷蔵してから焼くまでは、「シトロン」と同様。表面にグラニュー糖をまぶして、約1.2cm幅に切る。

❸ 170℃（予熱は190℃）のオーブンで20分間を目安に焼く（焼き加減→p.26）。網にとって冷ます。

アイスボックスクッキー

紅茶／ハーブ

材料（36〜38個分）

バター ... 100g
グラニュー糖（細粒）... 45g
卵黄 ... 9g
卵白 ... 7g
製菓用小麦粉 ... 150g
a アールグレイの茶葉 ... 5〜6g
または
b タイム、ローズマリーの葉
└ ... 合わせて3g（または、タイムのみ2gかローズマリーのみ3g）
仕上げ用
　グラニュー糖（一般サイズ）... 適量

＊小麦粉に「バイオレット」を使用する場合は、卵白を使わずに、卵黄16gにする。

準備

- バターは21〜23℃にする。
- 卵黄と卵白をよく混ぜて、20〜22℃にする。
- 小麦粉はふるう。
- 23×15cmに切った純白ロール紙を2枚用意する。

❶ **a**の茶葉はすり鉢であたり、2〜3mmにする。**b**のタイム、ローズマリーの葉は3〜4mmに刻む。

❷ 生地の作り方と成形は、「アイスボックスクッキーシトロン（p.22）」と同様。レモンの代わりに、①の紅茶またはハーブを加える。2種類作るときは、それぞれ半量ずつ用意して加える。

❸ 冷蔵してから焼くまでは、「シトロン」と同様。表面にグラニュー糖をまぶして、約1.2cm幅に切る。

❹ 170℃（予熱は190℃）のオーブンで20分間を目安に焼く（焼き加減→p.26）。網にとって冷ます。

米粉の
アイスボックスクッキー

材料（24〜26個分）

バター ... 100g

a グラニュー糖（細粒）... 40g
└ 塩 ... 0.2g

b 製菓用小麦粉 ... 100g
└ 上新粉 ... 60g

レモンの皮 ... 1/5個分

仕上げ用
　グラニュー糖（一般サイズ）... 適量

準備

- バターは21〜23℃にする。
- **a**を合わせる。
- **b**を合わせてふるう。
- 15×15cmに切った純白ロール紙を2枚用意する。
- オーブンは190℃に予熱する（焼成は170℃）。

I → p.97

泡立て混ぜをする

❶ 適温にしたバターと**a**をボウルに入れて、1分30秒間を目安に泡立て混ぜをする。表面を平らにならす。

II → p.98

クッキー混ぜをする

❷ ふるった**b**をもう一度ふるいを通して加え、レモンの皮のすりおろしも入れて、クッキー混ぜをする。つなぎ混ぜもして生地をまとめる。

＊粉が残りやすいので、最後はp.99の裏技を使って混ぜるといい。

III → p.100

ミトン流フレゼをする

❸ 生地を計量して半分にし、それぞれミトン流フレゼをする。

＊生地がなめらかにのびにくい。かすれても、基本を守ってフレゼすれば大丈夫。

❹「アイスボックスクッキー　シトロン（p.22）」を参考にして、生地を長さ15cmの棒状にし、用意したロール紙で包み、転がしながら形を整える。冷蔵庫で1時間、または冷凍庫で30分間以上冷やして、カットできるくらいにしっかりと固める。

＊冷蔵、または冷凍で保存できる期間の目安も、「アイスボックスクッキー　シトロン（p.22）」同様。

＊太めの円柱にする分短くなるので、冷やす時間はやはり短くて済む。

❺ オーブンを予熱する。天板にオーブンシートを敷く。仕上げ用グラニュー糖を紙の上に広げ、紙をはずした生地を軽く押しながら転がして、表面にグラニュー糖をしっかりとまぶしつけ、余分は軽くはたいて落とす。それぞれ約1.2cm幅の12〜13個分に切り、天板に間隔を空けて並べる。

❻ 170℃のオーブンで25分間を目安に焼く（焼き加減→p.26）。網にとって冷ます。

そば粉の
アイスボックスクッキー

材料（24〜26個分）

バター ... 100g

a グラニュー糖（細粒）... 40g
└ 塩 ... 0.2g

b 製菓用小麦粉 ... 90g
└ そば粉 ... 70g

仕上げ用
　グラニュー糖（一般サイズ）... 適量

準備

- バターは21〜23℃にする。
- **a**を合わせる。
- **b**を合わせてふるう。
- 15×15cmに切った純白ロール紙を2枚用意する。
- オーブンは190℃に予熱する（焼成は170℃）。

❶ 泡立て混ぜ、クッキー混ぜ、ミトン流フレゼまでは、「米粉のアイスボックスクッキー（左ページ）」と同様。

❷「アイスボックスクッキー シトロン（p.22）を参考にして、生地を長さ15cmの棒状にし、用意したロール紙で包み、転がしながら形を整える。冷蔵庫で1時間、または冷凍庫で30分間以上冷やして、カットできるくらいにしっかりと固める。

＊冷蔵、または冷凍で保存できる期間の目安も、「アイスボックスクッキー シトロン（p.22）」同様。

❸ オーブンを予熱する。天板にオーブンシートを敷く。仕上げ用グラニュー糖を紙の上に広げ、紙をはずした生地を軽く押しながら転がして、表面にグラニュー糖をしっかりとまぶしつけ、余分は軽くはたいて落とす。それぞれ約1.2cm幅の12〜13個分に切り、天板に間隔を空けて並べる。

❹ 170℃のオーブンで25分間を目安に焼く（焼き加減→p.26）。網にとって冷ます。

キューブクッキー

抹茶

材 料（40個分）

バター … 100g
粉糖 … 31g
塩 … 0.2g
アーモンドパウダー … 44g
a 製菓用小麦粉（＊1）… 138g
└ 抹茶（＊2）… 3.5g

仕上げ用
　粉糖 … 29g
　抹茶 … 3g

＊1 「エクリチュール」を使うことで、崩れるような食感を強調できる。
＊2 製菓用ではなく、好みの薄茶用を使うと風味がいい。

準備

- バターは21〜23℃にする。
- **a**は合わせてふるい、粉糖もふるう。
- アーモンドパウダーは、目の粗いふるいでふるう。
- 18×25cmのビニール袋、ルーラー（当て木。2本）、めん棒を用意する。
- オーブンは180℃に予熱する（焼成は160℃）。

I → p.97

泡立て混ぜをする

❶ 適温にしたバターと粉糖と塩をボウルに入れて、泡立て混ぜをする（1分30秒間）。表面を平らにならす。

❷ アーモンドパウダーを加えて、ゴムべらで混ぜて、全体をなじませる。

II → p.98

クッキー混ぜをする

❸ ふるった**a**をもう一度ふるいを通して加え、クッキー混ぜをする。つなぎ混ぜもして生地をまとめる。

III → p.100

ミトン流フレゼをする

❹ 生地を半分にして、それぞれミトン流フレゼをする。

❺ 生地を合わせてビニール袋に入れ、1.5cmのルーラーで生地をはさみ込んで、袋の角にきっちりと収まるようにめん棒で押しのばす。約18×11cmになる。冷蔵庫で1時間以上冷やす。

＊ルーラーは、角材でも代用可。

❻ オーブンを予熱する。天板にオーブンシートを敷く。

❽ 天板に並べ、160℃のオーブンで25〜27分間を目安に、角に少し焼き色がつき、裏は全面にしっかりと焼き色がつくまで焼く。粗熱をとり、網にのせて冷ましてから、冷蔵庫で10分間ほど冷やす。

❾ 仕上げ用の粉糖と抹茶を合わせてふるい、ボウルに入れて、⑧を加え、まぶす。紙かバットに並べ直して、残った粉糖をふるいながらさらにかける。

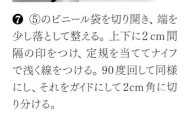

❼ ⑤のビニール袋を切り開き、端を少し落として整える。上下に2cm間隔の印をつけ、定規を当ててナイフで浅く線をつける。90度回して同様にし、それをガイドにして2cm角に切り分ける。

キューブクッキー きな粉

作り方は「抹茶（左ページ）」と同様にする。**a**を製菓用小麦粉125g、きな粉16g に、仕上げ用を粉糖22g、きな粉6gにして、焼き時間を22〜25分を目安にする。完全に冷めたら、合わせてふるった仕上げ用粉糖を同様にまぶして、残りを茶こしでふるってかける。

トライアングルクッキー

マカダミアナッツ／ほうじ茶

材料 （32〜36個分）

バター ... 100g

粉糖 ... 40g

a 製菓用小麦粉 ... 110g
└ コーンスターチ ... 28g

アーモンドパウダー ... 20g

マカダミアナッツ ... 30g（＊）

ほうじ茶 ... 2g（＊）

マカダミアナッツの仕上げ用
　　粉糖 ... 適量

ほうじ茶の仕上げ用
　　粉糖 ... 適量
　　　ほうじ茶 ... 適量

＊このレシピでは、ひとつの生地からマカダミアナッツとほうじ茶の2種類ができる。1種類を作るときはどちらかを倍量にして生地に加える。

準備

- バターは21〜23℃にする。
- **a**は合わせてふるい、粉糖もふるう。
- アーモンドパウダーは、目の粗いふるいでふるう。
- ルーラー（当て木。2本）、めん棒を用意する。
- オーブンは180℃に予熱する（焼成は160℃）。

❶ マカダミアナッツは、160℃のオーブンで10分ほどローストし、1個を4等分に切る。ほうじ茶は、仕上げ用と合わせてすり鉢ですり、2gを計って取り分け、残りを仕上げ用にする。

I → p.97
泡立て混ぜをする

❷ 適温にしたバターと粉糖をボウルに入れて、1分30秒間泡立て混ぜをする。表面を平らにならす。

II → p.98
クッキー混ぜをする

❸ ふるった**a**をもう一度ふるいを通して加え、アーモンドパウダーも加えて、クッキー混ぜをする。つなぎ混ぜもして生地をまとめる。

III → p.100
ミトン流フレゼをする

❹ 生地を計量して半分にし、まず半量をマカダミアナッツの生地にするためにミトン流フレゼをする（作り方⑤へ）。残りの半分の生地には、ほうじ茶を加え、生地を切るようにして混ぜてから、ミトン流フレゼをする。ほうじ茶が入ると生地が伸びにくく、かすれがちになるが、基本と同様にフレゼする。

❺ 何も入れずにフレゼした生地をボウルに入れて、マカダミアナッツを加える。生地をカードで切るようにして粗く混ぜ、手でナッツを中に押し込むようにしてまとめる。

❻ 生地をそれぞれラップで包み、ルーラーではさみ込んで、めん棒で2cm厚さの正方形にのばす。冷蔵庫で1時間半、または冷凍庫で40分以上、かたくなるまで冷やす。

❼ オーブンを予熱する。天板にオーブンシートを敷く。

❽ 生地を9等分の四角形に切り分けてから、それぞれ1片を斜め2等分にして三角形に切る。天板に並べて、160℃のオーブンで25〜28分間を目安に焼く（焼き加減→p.26）。

❾ 完全に冷ましてから、仕上げ用の粉糖をそれぞれふるいながらまぶし、裏面にもつける。

＊翌日以降に楽しむのがおすすめ。

カントゥッチ
クミンとアーモンド／くるみといちじく

日本では単にビスコッティと呼ばれることもある、
イタリアのトスカーナ地方の郷土菓子です。
現地にはやわらかくて食べやすいタイプもありました。
それが作りたくて試作をくり返し、
きめが細かくて、サクサクと軽い口あたりになったのがこれ。
二度焼きする際は、切り口を焼かないことが大切です。
クミン風味もミトンのオリジナルです。

作り方→p.60

カントゥッチ

クミンとアーモンド

材料 （54〜60個分）

バター（発酵）... 30g

バター（非発酵）... 30g

グラニュー糖（細粒）... 92g

バニラペースト ... 1g（約小さじ⅙＊1）

塩 ... 0.4g

全卵 ... 48g

a 製菓用小麦粉（＊2）... 180g
└ ベーキングパウダー ... 7.2g

クミンシード ... 7g

アーモンド ... 88g

b 卵白 ... 10g
└ グラニュー糖（細粒）... 2g

＊1 またはバニラビーンズ0.2gにする。
＊2 さっくりと砕けるような食感が出しやすいので、「エクリチュール」がおすすめ。

準備

- バターは2種類使い、23〜24℃にかなりやわらかくしておく。
- 卵は20〜22℃にする。
- **a**は合わせてふるう。
- **b**を混ぜ合わせる。
- φ21cmのボウルを用意する。
- 天板にオーブンシートを敷く。
- オーブンは200℃に予熱する（焼成は180℃）。
- アーモンドは、160℃のオーブンで20分ほどローストする。

$\boxed{\text{I}}$ → p.97
泡立て混ぜをする

＊バターの温度と泡立て時間に注意

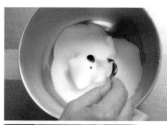

❶ ボウルに適温にしたバターとグラニュー糖、バニラペースト、塩を入れて、ハンドミキサーで3分30秒〜4分30秒間、泡立て混ぜをする。適温にした卵を3回に分けて加え、そのつど1分30秒間ほど泡立て混ぜをする。この間、バターを23〜24℃に保つ（寒い時期は途中でドライヤーの温風をボウルに当てて温度を保つ）。とろりとした状態になる。表面をならす。

$\boxed{\text{II}}$ → p.98
クッキー混ぜをする

❷ ふるった**a**をもう一度ふるいを通して加え、クミンも入れて、クッキー混ぜをする。生地がやわらかくつながってくるので、つなぎ混ぜはせずに、底から生地を返してまとめる。

$\boxed{\text{III}}$ → p.100
ミトン流フレゼをする

❸ 生地を3等分して、それぞれミトン流フレゼをする。

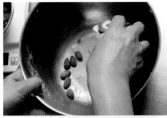

❹ 生地にそれぞれ3等分したアーモンドを混ぜる。生地を手にとり、アーモンドを埋め込むようにしながら細長く整えていく。

❺ 生地をそれぞれ28〜30cm長さの棒状にし、天板に間隔を空けて並べる。このとき、アーモンドに偏りがあったら少ないところに移して埋める。生地の表面と側面に**b**を指で塗る。

❻ 180℃のオーブンで24〜25分間を目安に焼く。全体にうっすら焼き色がついたらオーブンから出して、天板のまま5分おく。

❼ 生地がまだ温かいうちにまな板にとり、1.5cm幅に斜めに切り分ける。切り分けたところにすきまが空くように再度天板に並べ直す。生地は倒さないこと。

❽ 150℃に下げたオーブンに入れて、6分間焼く。オーブンから出して、天板のまま冷ます。

＊オーブンから出したばかりではしっとりとやわらかくても、冷めるとサクサクの食感になる。

カントゥッチ

くるみといちじく

材料（54〜60個分）

バター（発酵）... 30g

バター（非発酵）... 30g

グラニュー糖（細粒）... 92g

バニラペースト ... 1g（約小さじ⅙ *）

塩 ... 0.4g

全卵 ... 48g

a 製菓用小麦粉 ... 180g
 └ ベーキングパウダー ... 7.2g

くるみ ... 65g

干しいちじく（セミドライ）... 80g

b 卵白 ... 10g
 └ グラニュー糖（細粒）... 2g

* またはバニラビーンズ0.2gにする。

準備

- 「クミンとアーモンド（p.60）」
 と同様。

- くるみは、約1cm角に刻む。

- 干しいちじくは、約1.5cm角
 に刻む。

作り方も「クミンとアーモンド」
と同様で、クミンを加えずに
ミトン流フレゼまでした生地
に、くるみといちじくを加えて、
同様にする。

Ⅲ ミトン流フレゼの

変化形で作るクッキー

この本では、仕上げの段階で生地に適度な圧力をかけて、きめを整え
たり、気泡を細かくする工程を「フレゼ」としてあつかいます。ここで紹
介する2種類のフレゼも、違う作業のようで目的はほとんど同じです。
上級者向けのやや難しい技法もありますが、手順をていねいに解説し
ていますので、ぜひ挑戦してみてください。

丸めるのではなく
手のひらを使い
生地を押しつぶす

III-2　手丸めフレゼ

ミトン流フレゼ（p.14）変化形のひとつめは、手のひらを使った「手丸めフレゼ」です。ぴんと張った手のひらで生地を押しつぶしながら7〜8回ひねります。生地が傷んだりグルテンが出ないかと心配になりますが、不思議なことに、こうして圧力をかけた生地はしないものに比べて、よりきめ細やかで、さらさらと繊細な食感に仕上がります。味わいも凝縮し、風味が引き立つようです。この本では、手丸めフレゼはミトン流フレゼとセットで出てきますので、それも覚えておいてください。

手丸めフレゼの効果を味わう

ピーカンボール

密に整えた生地だからこそ広がるバターの風味と、口どけのよさが、
ナッツの食感と香ばしさを際立たせます。
空気を含ませずに混ぜたあと、ミトン流フレゼと手丸めフレゼをします。
オーブンミトンで人気のクッキーも、家庭で確実に作れるこの方法になりました。

＼ 比べてみました！ ／

手丸めフレゼをすると、べたつきがとれ、白っぽ
くなってつやが出る。

手丸めフレゼをせずに、ただ丸めた生地は、べ
たついて、色が濃い。

焼いたクッキー生地の断面は、すきまがなく、き
めが細かい。ナッツの食感を引き立てる。

そのまま焼くと、生地が少しだれて広がる。断面
には空気のすきまがあり、バターの風味が薄く感
じる。粗い食感で、ぼろりと崩れて口どけはよく
ない。

ピーカンボール

材料 (約20個分)

バター (発酵) ... 50g
バター (非発酵) ... 50g
グラニュー糖 (細粒) ... 31g
塩 ... 0.5g
製菓用小麦粉 ... 140g
ピーカンナッツ ... 56g

仕上げ用
　粉糖 ... 適量

準備

- バターはそれぞれ19～20℃にする。
- 小麦粉はふるう。
- 天板にオーブンシートを敷く。
- オーブンは190℃に予熱する (焼成は170℃)。

ナッツを準備する

❶ ピーカンナッツは、約160℃のオーブンで16～17分間ほどローストし、3～5mm角に刻む。

空気を含ませないように混ぜる

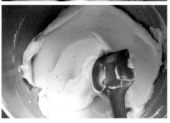

❷ ボウルに適温にした2種類のバター、グラニュー糖、塩を入れ、ゴムべらを短く持って、先端がしなるくらいボウルに密着させながらばたばたと動かして、全体をなめらかに混ぜる。表面を平らにならす。

Ⅱ → p.98

クッキー混ぜをする

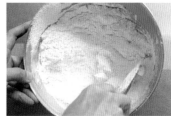

❸ ふるった粉をもう一度ふるいを通して加え、クッキー混ぜをする。粉が少し残っているうちに①のナッツを加えてクッキー混ぜをする。続けて、つなぎ混ぜを25～30回して生地をまとめる。

| III | → p.100

ミトン流フレゼをする

❹ 作業しやすいように生地を半分にして、それぞれミトン流フレゼをする。ナッツがつぶれないくらいの力加減でフレゼする。

| III - 2 |　さらに詳しくは p.101

手丸めフレゼをする

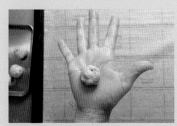

❺ まず生地を約15gずつに分ける。次に手のひらをぴんと張って開き、生地をひとつのせて、反対の手を重ね、上の手で圧力をかけて厚さ3〜4mmになるようつぶす。そのまますばやく生地をひねるように手のひらの中で回す。7〜10回転くらいしてから、圧力をかけるのをやめて、今度は手のひらの間を2cmほど空けて生地をまとめる。球状になる。

▶ 動画を見る

https://youtu.be/Z_eV5lqYAnI

焼成して、仕上げる

❻ 天板に間隔を空けて並べ、170℃のオーブンで22分前後を目安に焼く（焼き加減→p.26）。表面にうっすらと焼き色がつき、裏には全面に焼き色がついたものから取り出して、網にとる。粗熱がとれたら、冷蔵庫で10〜15分間冷やす、紙の上にすきまなく並べて、粉糖を茶こしを通してたっぷりとふる。すきまに落ちた粉糖は、裏面につける。

キッフェルン

ヘーゼルナッツ風味のきめの細かい生地と
さらさらとした繊細な口どけが持ち味です。
成形が少し難しいのですが、
中央がぷっくりとした三日月形にすると、
焼き色がつくまで焼いた先端の香ばしさと
太い部分の温かみあるナッツの風味との、
そのバランスがおいしいのです。

作り方→p.74

| I | 泡立て混ぜ + | II | クッキー混ぜ + | III | ミトン流フレゼ
+ | III-2 | 手丸めフレゼ で作るクッキー

ジャムクッキー

懐かしいような素朴な見た目のクッキーですが、
手丸めフレゼまでして整えた生地は口どけが繊細で、
しっとり甘いジャムとのコンビネーションで、まるで小さなケーキのようです。
市販のジャムでも、自家製ジャム(p.87)でも作れます。
作り方→p.75

パイナップルケーキ

台湾で人気の点心の1種。
生地の中にパイナップルあんが入っています。
伝統的なものは、生地をラードで作りますが、
ミトン流は発酵バターで作るリッチなクッキー生地。
ココナッツ風味で、サクサク。もちろん口どけも格別。
専用の型で作る工程もぜひ楽しんでください。
プリン型やセルクルなどでも代用できます。
作り方→ p.76

スノーボール

パイナップケーキの生地は、甘さひかえめの繊細な味わいなので、
同じように作り、ごく小さく丸めて焼いて粉糖をまぶすと
いくつでもつまめそうなひと口サイズのクッキーになります。

作り方→p.79

キッフェルン

材料 （30〜32個分）

バター ... 100g

粉糖 ... 45g

a 製菓用小麦粉 ... 61g
└ コーンスターチ ... 61g

ヘーゼルナッツパウダー（＊） ... 61g

仕上げ用
　粉糖 ... 適量

＊なければ、風味は変わるがアーモンド
パウダーでもいい。

準備

- バターは20〜22℃にする。
- **a**は合わせてふるう。
- ヘーゼルナッツパウダーは、目の粗いふるいでふるう。
- 天板にオーブンシートを敷く。
- オーブンは190℃に予熱する（焼成は170℃）。

❶ ボウルに適温にしたバターと粉糖を入れて、ゴムべらを短く持って、先端がしなるくらいボウルに密着させながらばたばたと動かして、全体をなめらかに混ぜる。表面を平らにならす。

Ⅱ → p.98
クッキー混ぜをする

❷ ふるった**a**とヘーゼルナッツパウダーを合わせて加え、クッキー混ぜをする。白っぽくなるまでつなぎ混ぜをやや多めの30〜40回して、生地をまとめる。

Ⅲ → p.100
ミトン流フレゼをする

❸ 生地を半分にして、それぞれミトン流フレゼをする。

Ⅲ-2 → p.101
手丸めフレゼをする

❹ まず生地を約10gずつに分ける。圧力をかけて手丸めフレゼをして、一度丸くする。次に、手のひらに作ったくぼみを使って、両手をすり合わせながら真ん中がふっくらとして両端がとがった紡すい形に整える。

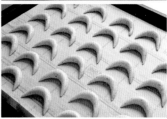

❺ ❹の生地にカーブをつけ、三日月形にして、間隔を空けて天板に並べる。

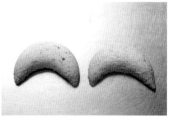

❻ 170℃のオーブンで15分間を目安に焼き、周囲と先端に焼き色がついたものから取り出して、中心まで焼ききらないようにする。網にとって冷ます。

❼ 完全に冷めたら、すきまなく並べて、粉糖を茶こしを通してふる。

ジャムクッキー

材料 （約27個分）

バター ... 100g

粉糖 ... 55g

バニラペースト ... 1.6g（約小さじ¼）

卵黄 ... 17g

アーモンドパウダー ... 27g

製菓用小麦粉（＊1）... 140g

a ┌ ジャム（＊2）... 45g

└ 水 ... 12g

＊1　焼成時にだれずに形をキープしやすいので、「エクリチュール」がおすすめ。

＊2　ジャムは、p.87の自家製でも、市販でもいい。約25%の水でゆるめてから使う。フランボワーズ、アプリコット、ストロベリーなどを好みで。一度に2〜3種類を作るのもおすすめ。

準備

- バターは20〜22℃にする。
- 小麦粉はふるう。
- アーモンドパウダーは、目の粗いふるいでふるう。
- OPPフィルムを三角形に切って巻き上げ、テープでとめ、コルネ（絞り袋）にする。
- 天板にオーブンシートを敷く。
- オーブンは190℃に予熱する（焼成は170℃）。

❶ **a**を合わせて、ゆるめておく。

Ⅰ → p.97
泡立て混ぜをする

❷ ボウルに適温にしたバターと粉糖、バニラペーストを入れて、1分間を目安に泡立て混ぜをする。卵黄を2回に分けて加え、そのつど20秒間ずつ泡立て混ぜをして、表面を平らにならす。

Ⅱ → p.98
クッキー混ぜをする

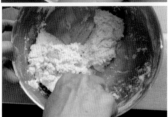

❸ アーモンドパウダーを入れて軽く混ぜ、ふるった粉をもう一度ふるいを通して加え、クッキー混ぜをする。つなぎ混ぜもして生地をまとめる。

Ⅲ → p.100
ミトン流フレゼをする

❹ 生地を半分にして、それぞれミトン流フレゼをする。

＊やわらかい生地で、カードに付きやすい。フレゼの途中でカードをはらうと作業しやすい。かたくなるので1度フレゼした生地を2度フレゼしないように注意する。

Ⅲ-2 → p.101
手丸めフレゼをする

❺ まず生地を12gずつに分ける。手丸めフレゼをして、球状に丸め、天板に間隔を空けて並べる。

❻ 並べた生地それぞれの中心を指先で押して、くぼみを作る。くぼみが深さ1cm、直径1.5cmほどになるように、指先で前後左右に押し広げる。作ったコルネに①を詰め、くぼみにジャムを絞り入れる。

❼ 170℃のオーブンで10分間焼き、160℃に下げてさらに8分間を目安に焼く（焼き加減→p.26）。裏面全体に焼き色がついたら取り出す。網にとって冷ます。

パイナップルケーキ

材料 （約4.5×4.5、高さ2.3cmの型、約10個分 ＊1）

生地

- バター ... 90g
- 粉糖 ... 28g
- 全卵 ... 23g
- アーモンドパウダー ... 15g
- 製菓用小麦粉 ... 135g
- ココナッツファイン ... 10g

パイナップルあん（3回分 ＊2）

- 冬瓜（皮と種を除いた正味）... 420g
- パイナップル（皮と種を除いた正味）... 720g
- グラニュー糖 ... 114g
- レモン汁 ... 15g（大さじ1）
- 水あめ ... 114g

＊1　パイナップルケーキ専用の型は、押し棒がセットになっていて使いやすい。φ6cm前後のセルクルでも代用できるが、型に入る表面の平らなもの（めん棒の両端など）を押し棒替わりに用意する。底のあるプリン形、カヌレ型などでも代用できる。

＊2　パイナップルあんは、3回分をまとめて作るようにする。1回分だと素材の水分量に左右されやすい。残りのあんは、1回分ずつに分けて冷凍保存可能。電子レンジ解凍後、出た水分を除いて使う。

準備

- バターは21〜23℃にする。
- 小麦粉、粉糖は、それぞれふるう。
- アーモンドパウダーは、目の粗いふるいでふるう。
- 天板にオーブンシートを敷く。
- オーブンは210℃に予熱する（焼成は190℃）。

❶ パイナップルあんを作る。冬瓜とパイナップルは、皮と種を除き、1cm厚さで適当な大きさに切る。

❷ 冬瓜をフードプロセッサーにかけ、8mm角以下になるようにする。水気をきってフライパンか浅鍋に入れ、強火にかけて、混ぜながら水分をとばし、底にこびりつきはじめるくらいまで煮つめる。重量を約半分にする。

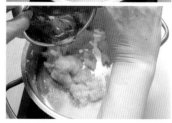

❸ パイナップルをフードプロセッサーでほぼペースト状になるまで攪拌し、②の鍋に加える。グラニュー糖とレモン汁も入れ、中火強にかけて、混ぜながら水分をとばし、重量が約半量になるまで煮つめる。へらで混ぜると底に筋が残るくらいになる。水あめを加えて、底から混ぜながら水分をとばす。キャラメル化する手前くらい、焦げ付かないが鍋底にちりちりとしてつやが出てくるくらいまで煮つめる。重量を540g前後にする。

❹ 大きめのバットなどに取り出して広げ、冷ます。冷めたら18gずつ丸めて球状にし、10個をとりおく。残りは冷凍する。

Ⅰ → p.97
泡立て混ぜをする

❺ 生地を作る。ボウルに適温にしたバターと粉糖を入れて、泡立て混ぜをする。時間は基本より短く20〜30秒間なので注意。卵を3回に分けて加え、そのつど約20秒間泡立て混ぜをして、表面を平らにならす。

＊短時間で均一に混ぜるために、2回めの卵を加えたら、一度ボウルの中をはらう。

❻ アーモンドパウダーを加えて、ゴムべらで軽くなじませる。

Ⅱ → p.98
クッキー混ぜをする

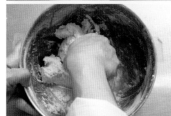

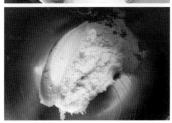

❼ ふるった粉をもう一度ふるいを通して加え、ココナッツファインも入れ、クッキー混ぜをする。つなぎ混ぜもして生地をまとめる。

Ⅲ → p.100
ミトン流フレゼをする

❽ 生地を半分にして、それぞれミトン流フレゼをする。

＊やわらかい生地で、カードに付きやすい。フレゼの途中でカードをはらうと作業しやすい。1度フレゼした生地を2度フレゼしないようにする。

❾ 生地を10等分（29〜30gずつ）する。あつかいやすくするため、冷蔵庫で10〜20分間冷やす。

Ⅲ-2 → p.101

手丸めフレゼをする

❿ オーブンを予熱する。型を天板に並べる。

⓫ 手早く手丸めフレゼをして、続けてあんを包む。

＊右が手丸めフレゼして、白くつやが出た生地。

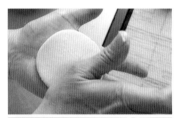

⓬ 手のひらに軽く打ち粉（分量外）をして、生地を直径8cmにのばす。中心を厚めに、縁は薄めにする。生地を指先に移して、パイナップルあんを乗せて、空気が入らないように生地で少しずつ包み込んで、しっかりととじる。

⓭ 球状に丸め、とじ目を下にして型に入れ、指先で上面を平らにならす。残りの生地を同様にして型に入れる。押し棒（または替わりのもの）に軽く打ち粉をして、生地を押す。指で押し棒の全面を押すことで四隅にきっちりと生地が収まるようにする。

⓮ 190℃のオーブンで約16分間焼き、表に薄く焼き色がつき、裏には全面に焼き色がついたら、型ごと裏返して、さらに4分間ほどこんがりとしたきつね色に焼く。焼けたものから取り出して、熱いうちに型から出し、網にとって冷ます。

＊プリン型など底がある場合は、型から出して裏返し、底面を上にして焼き上げる。

スノーボール

材料（直径約2cm、約75個分）

バター ... 50g

粉糖 ... 15g

バニラペースト ... 0.8g（小さじ⅛）

全卵 ... 12g

アーモンドパウダー ... 9g

製菓用小麦粉 ... 78g

仕上げ用

　粉糖 ... 約40g

準備

- バターは21〜23℃にする。
- 小麦粉、粉糖は、それぞれふるう。
- アーモンドパウダーは、目の粗いふるいでふるう。
- 天板にオーブンシートを敷く。
- 仕上げ用粉糖もふるい、ボウルに入れておく。
- オーブンは180℃に予熱する（焼成は160℃）。

❶「パイナップルケーキ（p.76）」の生地を作り、⑤〜⑧と同様にする（ココナッツファインは加えない）。

I	→ p.97

泡立て混ぜをする

II	→ p.98

クッキー混ぜをする

III	→ p.100

ミトン流フレゼをする

III-2	→ p101

手丸めフレゼをする

❷ 生地を約2gずつに分けて、手丸めフレゼをしながら、小さな球状に丸める。

❸ 160℃のオーブンで14分間を目安に焼く。表面にうっすらと焼き色がつき、裏には全面に焼き色がついたら取り出す。

❹ 粗熱がとれたら、ほんのり温かいうちに仕上げ用粉糖のボウルに入れて、ゴムべらで混ぜながら全体にたっぷりまぶす。粉糖がとけて膜になる。完全に冷めてから、好みで残りの粉糖を茶こしを通してふる。

泡立てた生地を
口金で絞りながら
圧力をかける

I-2 + III-3

ふわふわ泡立て混ぜ
＋絞りフレゼ

ミトン流フレゼ（p.14）のもうひとつの変化形
は、絞り出しながらフレゼする「絞りフレゼ」で
す。限界まで泡立てた生地を絞り袋に入れ、クッ
キーによってはあらかじめつぶして先を狭くした
口金で、圧力をかけながら絞り出します。狭い
口金を通すことで、ほどよく生地の空気を抜い
てきめを整えるイメージです。使用する口金のタ
イプ、絞り出しの方法もクッキーごとに異なるの
で、各レシピを確認してください。

絞りフレゼの効果を味わう

ヴィエノワ バニラ／チョコ

これもオーブンミトンの定番クッキーです。エアリーな食感が特徴ですが、
泡立てた生地を通常の星形口金で絞って焼くと、空気を含みすぎたままになり、
バターの風味がぼけて頼りない味わいになってしまいます。
口金を狭くして絞って生地をしめると、バター風味が広がり、きめの細かい軽やかな口どけになります。
チョコは、繊細な口どけとともにチョコレートの酸味と苦みが広がります。

＼ 比べてみました！ ／

口金に工夫をして、絞りフレゼした生地。

普通の星形口金で絞ったふわふわのままの生地。

ふわふわな生地を絞りフレゼで密にしたことで、きめの細かいさらさらとした食感が生まれる。

食感は軽いが、風味が薄くなってしまう。

ヴィエノワ

バニラ

材料 （約35枚分）

バター ... 150g（*1）

粉糖 ... 60g

塩 ... 0.1g

バニラペースト ... 0.8g（小さじ⅛ *2）

製菓用小麦粉 ... 177g

卵白 ... 24g

*1　バターが少ないとハンドミキサーの羽根にからみにくいため、バターを150gにしてふわふわにまで泡立てやすくする。

*2　またはバニラビーンズ0.1gにする。

準備

- バターは23〜24℃に、かなりやわらかくしておく。
- 粉糖と小麦粉は23〜24℃にする。寒い時期は湯せんにかけるか、予熱中のオーブンで温める。それぞれふるう。
- 卵白はよくとき、湯せんにして、暑い時期は27℃、寒い時期は30℃を保つ。
- ボウルはφ18cmと21cmを用意する。泡立てるときは小さめのサイズを使ってかさを出しやすくする。
- 星形口金と絞り袋を用意する。
- 天板にオーブンシートを敷く。
- オーブンは190℃に予熱する（焼成は170℃）。

絞りフレゼのための準備をする

❶　星形口金の中心の開口部が直径5mmから3mmほどになるようにつぶす。口金をかたい台に押し当てて、星形のすきまが狭くなるよう少しずつ回しながらつぶしていく。絞り袋にセットする。

※写真の口金は「孝義　口金10切 #9」。cottaほかで販売。

I-2　さらに詳しくは p.102

ふわふわ泡立て混ぜをする

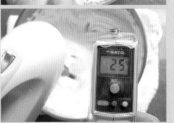

❷　すべて適温にしたバター、粉糖、塩、バニラペーストをφ18cmのボウルに入れて、ハンドミキサーの高速で泡立てる。品温を25〜26℃に保って5〜6分間を目安に、ふんわりとかさが出るように泡立てる。

*泡立て方は、泡立て混ぜと同様。温度が下がらないように、途中でドライヤーの温風や蒸しタオルをボウルに当てる。

▶ 動画を見る

https://youtu.be/Fkeb1z6Po2o

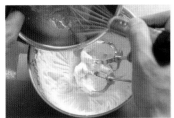
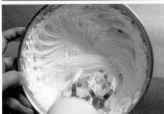

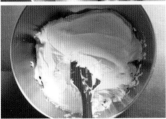

❸ 卵白を2度に分けて加え、そのつど約1分間しっかりと泡立てる。φ21cmのボウルに移して、表面を平らにならす。

Ⅱ → p.98

クッキー混ぜをする

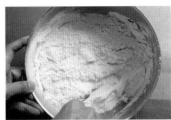

❹ ふるった粉をもう一度ふるいを通して加え、クッキー混ぜをする。粉が見えなくなったら、底から生地を返し、ボウルを回して向きを変え、同様に生地を返すことを2〜3回くり返す。つなぎ混ぜは不要。

Ⅲ-3 さらに詳しくはp.103

絞りフレゼをする

→ 正面

❺ 生地をゴムべらで軽くまとめて、半量ほどを絞り袋に入れる。天板の上に幅3.5cm、長さ6cmになるように蛇行して絞る。スピードにのって、左右に3往復する。厚さは約5〜6mmになる。残りの生地も同様にする。

＊ヴィエノワのみ、口金を低い位置に保ってできるだけ生地を薄く絞り出す。食感が軽やかになる。
＊口金の向きによってひだがきれいに出るので、向きを調整して絞る。

▶ 動画を見る

https://youtu.be/bqWbu4pvRnw

焼成する

❻ 170℃のオーブンで18〜20分間を目安に焼く。ひだの山に焼き色がつき、裏面には全体にきれいな焼き色がつくように焼く。焼いたものから取り出して、網にとり、冷ます。

ヴィエノワ チョコ

材料（40〜50個分）

バター ... 150g
粉糖 ... 77g
塩 ... 0.1g
卵白 ... 24g
製菓用小麦粉 ... 143g
カカオパウダー（＊1）... 40g

仕上げ用

フランボワーズ、
　　またはアプリコットジャム（＊2）... 適量
粉糖 ... 適量

＊1　ペック社製を使用。

＊2　「ジャムクッキー（p.75）」「シュプリッツ（p.91）」にも利用できるジャムを作る。作り方→p.87

＊シェル形に小さく絞ったものは、粉糖をたっぷりふるったり、ジャムをはさんでよりリッチな味わいにするのもおすすめ。

準備

- バターは23〜24℃に、かなりやわらかくしておく。
- 粉糖と小麦粉は23〜24℃にする。寒い時期は湯せんにかけるか、予熱中のオーブンで温める。それぞれふるう。
- 卵白はよくとき、湯せんにして、暑い時期は27℃、寒い時期は30℃を保つ。
- ボウルはφ18cmと21cmを用意する。泡立てるときは小さめのサイズを使ってかさを出しやすくする。
- 星形口金と絞り袋を用意する。ただし、カカオパウダーで生地がしまるため、星形口金はつぶさずにそのまま使う。
- 天板にオーブンシートを敷く。
- オーブンは180℃に予熱する（焼成は160℃）。

❶ 生地の作り方は、「ヴィエノワ バニラ（p.84）」を参考にする。小麦粉とカカオパウダーを合わせてふるい入れ、クッキー混ぜをする。

❷ 「ヴィエノワ バニラ」より小さめに2往復半蛇行して絞るか、シェル形に絞る。シェル形は、一度少し奥に絞り出してから手前に絞り出してとめる。

❸ 焼き時間は、160℃のオーブンで18〜22分間、シェル形は16分間が目安。焼き色がわかりにくいので、表面が乾いてきたら軽く押し、すぐにへこまないことを確認したら取り出す。

❹ シェル形は、好みで2個1組にして、完全に冷めたらジャムをはさむ。どちらの形も茶こしを通して粉糖をふる。

フランボワーズジャム、アプリコットジャムの作り方

「ヴィエノワ チョコ（左ページ）」と「シュプリッツ（p.91）」用には、
市販の一般的なジャムよりもややかために仕上げる必要があります。
水でゆるめると「ジャムクッキー（p.75）」にも利用できます。

材料（作りやすい分量）

a フランボワーズ、
　　またはアプリコットのピュレ
　　...250g
　　レモン汁...30g（大さじ2）
└ 水...40g
b ジャムベース（*）...10g
└ グラニュー糖...30g
c グラニュー糖...100g
└ 水あめ...55g

*または、ペクチン3gでもいい。

❶ **b**を合わせて目の細かい茶こしでふるっておく。

❷ 鍋に**a**を入れて、ゴムべらで混ぜながら、火にかける。沸騰したら火を止め、泡立て器に替えて手早く混ぜながら、①の**b**を加える。30秒〜1分間混ぜて、よくとかす。

❸ 再び火にかけて、混ぜる。沸騰したら火を弱め、ふつふつと沸くくらいの火加減で2分間ほど煮る。

❹ 火を止めて**c**を加え、泡立て器でよく混ぜる。再度火にかけてふつふつと沸くくらいの火加減で混ぜながら5〜6分間煮る。清潔な密閉容器に入れて、完全に冷めたら冷蔵庫で保存する。

*冷蔵庫で2か月ほど保存できる。

チーズクッキー

片目、または両目口金を使うだけで絞りフレゼの効果が出て、
緻密な食感になり、チーズの風味が際立つ焼き上がりになります。
甘さと塩気のバランスも楽しめて、アルコールに合わせるのもおすすめのクッキーです。

作り方→p.90

シュプリッツ

シナモンの香りと、低温で焼くことで生まれる粉の香ばしさが印象的なクッキー。
ドイツやウィーンのクッキーをヒントにしていますが、きめの細かい繊細な口どけは、まさにオーブンミトン風。
口径の小さい星形口金の絞りフレゼ効果でほどよい凝縮感を出した生地が、はさんだジャムによく合います。
作り方→p.91

チーズクッキー

材料 （38〜40個分）

バター ... 50g（＊1）
粉糖 ... 18g
全卵 ... 20g
生クリーム（乳脂肪分45%） ... 11g
a エダムチーズ（＊2） ... 42g
　塩 ... 0.5g
　白しょう（挽いたもの） ... 小さじ¼
　カイエンヌペッパー（＊3） ... 少量
製菓用小麦粉 ... 60g

＊1 1度に焼きやすい個数を作るために
バターは50g使用する。ハンドミキサーの
羽根が少量のバターにからみやすいよう、
泡立ては小さめのボウルを使う。

＊2 できればすりおろしたものを使う。
パルメザンチーズでもおいしい。

＊3 ガラムマサラを足すのもおすすめ。

準備

- バターは23〜24℃にする。
- 卵は20〜22℃にする。
- 粉糖、小麦粉はそれぞれふるう。
- **a**を合わせる。
- ボウルはφ15〜16cmと18cmを
  用意する。
- 幅20〜22mmの片目、または
  両目口金と絞り袋を用意する。
- 天板にオーブンシートを敷く。
- オーブンは180℃に予熱する
  （焼成は160℃）。

I-2 → p.102
ふわふわ泡立て混ぜをする

❶ 適温にしたバターと粉糖をφ15
〜16cmのボウルに入れて、ふわふ
わ泡立て混ぜをする。バターの量
が少ないので3分30秒間を目安に
泡立てる。卵を2回に分けて加え、
そのつど1分間泡立てる。

❷ ふんわりと軽く泡立ったら、生ク
リームを入れて、さらに1分間泡立
てる。

❸ φ18cmのボウルに移し、**a**を加
えて、ゴムべらで軽くなじませ、表面
を平らにならす。

II → p.98
クッキー混ぜをする

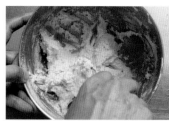

❹ ふるった粉をもう一度ふるいを
通して加え、クッキー混ぜをする。
軽くつなぎ混ぜもして生地をまとめる
（写真は、つなぎ混ぜ）。

III-3 → p.103
絞りフレゼをする

❺ 口金をつけた絞り袋に生地を入
れる。天板の上に長さ約3〜4cm
になるよう、ウェーブをつける要領で、
写真のように絞る。

＊写真は、片目口金を使用。

❻ 160℃のオーブンで15分間を
目安に焼く。ひだがはっきりとしてき
て、縁の焼き色がやや濃くなりはじ
め、裏面にはきれいな焼き色がつ
いたら取り出す。

シュプリッツ

材料 （約16〜18個分）

バター（発酵）... 50g
バター（非発酵）... 50g
粉糖 ... 33g
a 製菓用小麦粉 ... 100g
  シナモンパウダー ... 4g
  アーモンドパウダー ... 33g
仕上げ用
  フランボワーズジャム（*）... 約60g
  粉糖 ... 適量

*作り方→p.87

準備

- バターはそれぞれ23〜24℃にする。
- 粉糖はふるう。
- 小麦粉とシナモンパウダーは合わせてふるい、アーモンドパウダーは目の粗いふるいでふるって**a**を合わせる。
- ボウルはφ18cmと21cmを用意する。
- 小さめの星形口金と絞り袋を用意する。
- 天板にオーブンシートを敷く。
- OPPフィルムを三角形に切って巻き上げ、テープでとめ、コルネ（絞り袋）にする。
- オーブンは170℃に予熱する（焼成は150℃）。

I-2 → p.102
ふわふわ泡立て混ぜをする

❶ 2種類のバターと粉糖をφ18cmのボウルに入れて、5〜6分間を目安にふわふわ泡立て混ぜをする。

II → p.98
クッキー混ぜをする

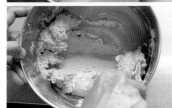

❷ φ21cmのボウルに移し、表面を平らにならして**a**を加え、クッキー混ぜをする。粉が見えなくなったら、生地を底から返し、ボウルを回して向きを変え、同様に生地を返すことを数回くり返すと生地がつながる。つなぎ混ぜは不要。

III-3 → p.103
絞りフレゼをする

❸ 口金をつけた絞り袋に生地を入れる。天板の上に直径約4cmに丸く絞り出す。36個を目安に絞る。

❹ 150℃のオーブンで38〜40分間を目安にゆっくりと火を通す。

*このクッキーは焼き粉の風味を楽しむため、全体に黄色っぽい焼き色がつくまで焼く。半分に切って、中心まできつね色になっているか確認する。

❺ 完全に冷ましてから、2個1組にして、片方にフランボワーズジャムを適量絞り出し、もう1個ではさむ。紙の上にすきまなく並べて、粉糖を茶こしを通してふる。

プレッツェル

空気を含ませずに混ぜた生地を、
2種類のフレゼをすることで、さらに密な生地に整えます。
絞りフレゼは、細い丸形口金を利用します。
ポリっと砕ける食感が生まれ、
バターと生クリームのミルキーさが口中いっぱいに広がります。

作り方→p.93

材料（約40個分）

バター ... 50g

a ┌ 粉糖 ... 27g
　 └ 塩 ... 0.2g

バニラペースト ... 1g（小さじ⅙）

生クリーム（乳脂肪分45%）... 21g

製菓用小麦粉（＊）... 85g

＊「エクリチュール」がおすすめ。密な生地にしてもサクッと歯切れのよい焼き上がりになる。

準備

- バターは23〜24℃にする。
- 粉糖、小麦粉は23〜24℃にする。寒い時期は湯せんにかけるか、予熱のオーブンで温める。それぞれふるう。**a**を合わせる。
- 生クリームは、作業直前に冷蔵庫から出して、湯せんで24〜25℃に温める。
- φ5mmの丸形口金を用意する。
- 天板にオーブンシートを敷き、直径3.5cmの丸い跡をつけておく。抜き型などの縁に粉をつけて、はんこを押すようにオーブンシートの上に丸く印をつける（写真下）。
- オーブンは170℃に予熱する（焼成は150℃）。

❶ ボウルに適温にしたバターを入れ、ゴムべらですり混ぜてなめらかにする。**a**とバニラペーストを加え、ゴムべらで空気を含ませないようになめらかに混ぜる。

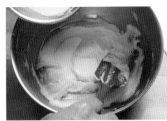

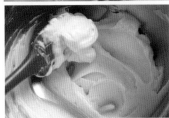

❷ 適温の生クリームを4〜5回に分けて加え、そのつどなめらかに混ぜる。とろりとした、とけそうでとけないくらいのやわらかさになる。

Ⅱ → p.98

クッキー混ぜをする

❸ 小麦粉をもう一度ふるいを通して加え、クッキー混ぜをする。軽くつなぎ混ぜもして生地をまとめる。

Ⅲ → p.100

ミトン流フレゼをする

❹ ミトン流フレゼをする。

Ⅲ-3 → p.103

絞りフレゼをする

❺ 口金をつけた絞り袋に生地を入れ、用意した天板の上の丸い跡に沿って、写真のような3.5cmのプレッツェルの形に絞る。「の」の字を描くように絞りはじめて、最後は重ねて左上でとめる。

❻ 150℃のオーブンで15〜17分間焼く。裏にうっすらと焼き色がつくくらいが目安。全体が色づくまで焼かないこと。

＊完全に冷めたら、好みで粉糖を軽くふってもいい。

この本で使う道具たち

ゴムべら

生地を混ぜる、ボウルをはらうなど、お菓子作りには欠かせない道具です。シリコン樹脂製で耐熱性があり、継ぎ目のない一体型が衛生的でおすすめです。写真はオーブンミトンのオリジナルで、お菓子作りに最適な密着性と、適度なかたさとしなりを追求したゴムべらです。力が伝わりやすく、効率的に作業ができます。販売はcottaまでお問い合わせください。

ボウル

この本ではφ21cmと18cmのボウルをメインに使っています。バター100gのときは21cmを、50gまたはバターを限界まで泡立てる「ふわふわ泡立て混ぜ（p.84）」のときは18cmが適しています。生地を混ぜるときは深さがあり、側面の立ち上がりが垂直に近いタイプがおすすめです。写真はオーブンミトンのオリジナルです。

カード

製菓用カードは、ソフトタイプとハードタイプがあり、この本ではハードタイプを使っています。ミトン流フレゼをするときは、圧力をかけられるハードタイプが向いています。

粉ふるい

目の細かいものと粗いものと2種類あると便利です。製菓用小麦粉や粉糖は目の細かいふるいで、アーモンドパウダーなどは目の粗いふるいを通します。

ルーラー（当て木）

ルーラーは、生地をのばしたりカットする際のガイド役で、2本一組で使います。この本では、1cmと2cm、5mmの厚さのものを使いました。材質は金属、プラスチック、木材などがあり、製菓材料店以外にホームセンターなどでも購入できます。角材で代用可能です。

ターナー

焼成直後のまだやわらかいクッキーを裏返したり、取り出すときに使います。へらの先が薄く、軽くカーブしているので、お菓子を傷つけずに形を保持したまま取り出すのに便利です。先が広いので2〜3個まとめてのせられます。

めん棒

できれば木製で、ある程度の重みがあると均等に力をかけることができます。40〜50cmくらいの長さがあると、ほかのお菓子作りにも使えて便利です。

温度計

非接触型の赤外線センサーの温度計があると便利です。材料の品温や、作業中の生地の表面温度をすぐに確認できるので、温度調節するのに役立ちます。

その他

ハンドミキサー

パナソニック製を使っています。お手持ちのものをご使用いただいて構いませんが、羽根がワイヤー状のものは泡立てる時間が変わってきますので、生地の状態を見ながら調整してください。

オーブンシート、オーブンペーパー、純白ロール紙

天板に敷くのは、オーブンシート（洗って何回も使えるもの）とオーブンペーパーのどちらでも構いません。また、クッキー生地を巻くのは、極端にはく離性が高くないオーブンペーパー、または純白ロール紙を使います。すべらないのできれいに巻くことができます。

混ぜ方帖

3つの混ぜ方を体がおぼえてしまえば、

すべてのミトン流クッキーがぶれることなく、楽に作れます。

基本となる混ぜ方をいつでも確認できるように「混ぜ方帖」をつけました。

作業に入る前に確認 ＊泡立て混ぜとクッキー混ぜでとくに重要。

体とボウルが近づきすぎないように、作業台の端から15cmにボウルの中心を置く。作業中に動かしてしまわないようにテープで目印にするといい。

腕が体につかえることなく自在に動かせるように、ボウルは体の正面ではなく、きき手の先に置く。作業台から20cmほど離れるとひじが少し前に出て、さらに動かしやすくなる。この位置だと、長時間泡立てたり、バターと粉を混ぜるときも一定の圧力を保つことができ、疲れにくい。

きき手と反対の手でボウルの横を持つ。人差し指と中指で外側から、親指で内側からボウルをはさむ。人差し指と親指のまん中あたりでボウルの真横を支える。

Ⅰ 泡立て混ぜ

＊写真は、アイスボックスクッキー

▶動画を見る

https://youtu.be/eQ3_vzIQMkA

[泡立てる前のバターの温度]
厚みを均一にしたバターは、指で押すとすっと抵抗なく入るくらいのやわらかさにする。できれば非接触型温度計で測ってレシピの指示どおりの温度にする。室温20〜25℃で作業する。

❶ ボウルに適温にしたバターと各レシピに従って材料を入れる。すぐにハンドミキサーで泡立てはじめる。

❷ ハンドミキサーがボウルの底と垂直になるように持って、スイッチを中速に入れる。ボウルに沿って円を描き、10秒間に15周するくらいのスピードで大きく回す。タイマーもonにする。終始、羽根がボウルのカーブしたところに当たってカタカタと音がするように回し、全体をむらなく泡立てる。

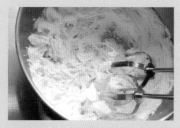

❸ バター100gで1分30秒間が目安。泡立て時間は、各レシピの指示と状態で調整する。

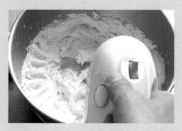

❹ 卵を加える場合は、2〜3回に分けて（レシピに従う）加え、そのつど、1分弱を基本として泡立てる。

❺ 羽根をはずし、ボウルにたたきつけてバターを中に落とし、指でもきれいにはらう。ゴムべらの直線側を使い、ボウルの側面に密着させて、できれば一手で一周して、側面についたバターをはらう。表面を平らにならして、クッキー混ぜへ。

notミトン流

ボウルを傾けると、回し方にむらが出る。体の正面にボウルがあると、ハンドミキサーを動かす腕がつかえてきれいな円を描きにくい。

＊写真は、アイスボックスクッキー

▶動画を見る

https://youtu.be/akbFONi8OOc

まずは、粉だけ入れたボウルで練習すると軌跡がよくわかる

❶ ゴムべらは、ボウルの底で先端が少ししなるくらいの圧力をかけること。

❷ 粉を入れたボウルを用意する。ゴムべらのカーブした部分がボウルの底に密着し、ゴムべらの面がやや上を向くように持つ。まずはボウルの奥に入れ、右から左へほぼ真横に1cm幅の一文字を描くように動かす。

❸ 圧力を変えないように一定のスピードを保って、ボウルの奥から手前まで順に一文字を描く動きをくり返す。粉（実際にはバター）の左端まで残さず完全に切ること。

❹ 手前まで10本くらい一文字を描く。

❺ ボウルを90度回転させて、同様にゴムべらを動かす。しっかりと軌跡が残るようにする。

notミトン流

細い一文字しか描けないときは、圧力が足りない。ゴムべらの先端がボウルの底でしならずに、軽く当たっているだけだと、バターと粉がボウルの底に残ってしまいがち。

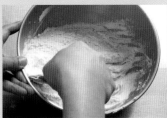

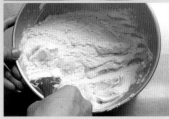

❶ 粉を加える。左の練習と同様にして、右から左へへらを動かし、バターを細かく刻んでいく。

❷ 奥から手前まで10本の一文字を描くようにバターを切ったら、ボウルを90度回して（ボウルを支える手を12時の位置へ）同様にバターを切る。粉を混ぜるより、バターを切ることを意識する。バターの切り口に自然に粉がまぶされて、バターが細かくなるにつれて粉チーズのようになってくる。

❸ 粉が見えなくなるまでくり返す。レシピによってこれで終了して、次の作業に移る。そのほかは、生地をひとまとめにするために、続けて「つなぎ混ぜ」をする。

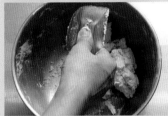

❹ カードでゴムべらの生地をきれいに落とし、今度はへらの部分を親指で固定して持つ。

❺ ゴムべらでボウルの奥から手前へ生地をすぱっと切る感覚で手早く引く。ボウルを少しずつ回しながらそのつど違う箇所を切るようにして、8〜10回くり返すと、生地がつながってくるので、手で軽くまとめる。

［合わせて覚えたい裏技］

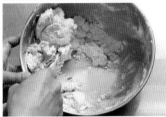

配合によっては、粉がいつまでも残るときがある。クッキー混ぜで生地を手前まで切ったら、ゴムべらの面全体で生地をボウルの左端（左ききなら右端）に寄せ、ボウルの側面とゴムべらではさむように押しつけ、へらの面を上に向けるようにして生地をくるりと返す。底になっていた生地が上になり、粉が見えるようになる。クッキー混ぜとこの動きを交互にすると、より効率的に混ぜられる。

ミトン流フレゼ

＊写真は、アイスボックスクッキー

▶動画を見る

https://youtu.be/J3Hh5lTeo94

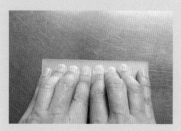

❶ 生地をカードの幅より少しせまく、厚みは約3cmにまとめて、作業台に置く。カードの直線側に両手の4本の指先をそろえてのせて、裏から親指ではさんで持つ。

＊しならないかためのカードを使うといい。

❷ カードを生地の手前から1.5cmくらいのところに斜めにさし込み、台に3mmほど生地を残していったん止める。生地の厚み3mmを保ちつつ、手早くすっと8cmくらい手前に引く。

＊カードの面を使うのではなく、エッジで生地を引く感覚。

❸ スピードもかける圧力も一定を保って、約2cmずつリズミカルに生地の山をフレゼしていく。

❹ 最後は両端にはみ出た生地を左右それぞれフレゼする。フレゼして白っぽくなり、つやの出た生地をまとめる。

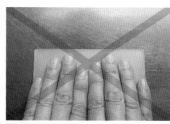

notミトン流

4本の指を曲げずにまっすぐカードに添えると、小指側の力が弱くなりがち。生地に均等な圧力がかかりにくい。カードのカーブ側より直線側を使うほうが力が逃げず、フレゼしやすい。

Ⅲ-2 手丸めフレゼ

＊写真は、ピーカンボール

▶動画を見る

https://youtu.be/Z_eV5lqYAnI

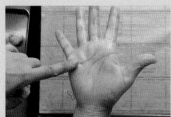

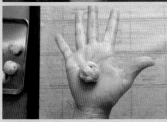

❶ 手のひらをぴんと張ってかたくして開き、分割して軽く丸めた生地をのせる。

❷ 反対の手もぴんと張って重ね、まず上の手で圧力をかけて生地が3〜4mm厚さになるように押しつぶす。

❸ つぶしたまますばやく生地をひねるように手の中で回す。7〜10回転くらいさせる。生地の中心までむらなく圧力をかけた感覚を得たら、両手を2cmほど開いて生地を球状に丸める。

[❷で手のひらの中で
圧力をかけた生地]

生地を3〜4mm厚さにつぶした圧力のまま、ひねるように回したときに手を開くとまだ生地はべたついている。実際には生地を丸めるまで一連の動作でスピーディに行なう。

[手丸めフレゼが成功した生地]

右側のように生地が白くなり、つやが出れば成功。ナッツなどを入れた場合は、生地の中に入り込み、表面がつるりとする。

ふわふわ泡立て混ぜ

＊写真は、ヴィエノワ

▶動画を見る

https://youtu.be/Fkeb1z6Po2o

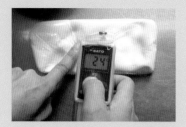

❶ バターは23〜24℃にし、かなりやわらかくしておく。

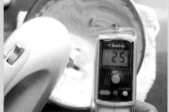

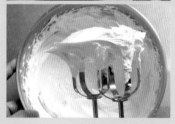

❷ ハンドミキサーの高速で泡立てる。ハンドミキサーの動かし方は、泡立て混ぜと同様。

＊ふわふわになるまで5〜6分間泡立てるので、途中でバターの温度が下がりがち。ドライヤーの温風や蒸しタオルをボウルに当てて、25〜26℃を保つ。

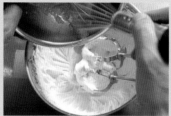

❸ 卵を加える場合は2度に分けて入れ、そのつど約1分間しっかりと泡立てる。

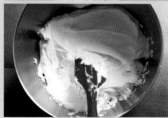

❹ この後クッキー混ぜがしやすいようにひと回り大きいボウルに移して、表面を平らにならす。

［泡立ての時短技］

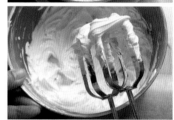

基本の泡立て方である程度泡立ってきたら、ボウルに沿って大きく回していたハンドミキサーを、今度は片側に寄せて直径5cmほどの小さな円を描き、ボウルを少しずつ回転させて、違う箇所を泡立てるようにして1周する。再び大きく回すのと、この小さな円を交互にくり返す。腕の疲れを防止しして、効率的に泡立てることができる。

［バターの量とボウルの関係］

バターをしっかりと泡立てるときは、ハンドミキサーの羽根がむらなくバターをからめて、かさが出やすいよう、ボウルの形状やサイズにも注意する。バターが100〜150gのときはφ18cm、50gならφ15〜16cmのボウルを使う。写真はオーブンミトンのオリジナルで深さがあり、泡立てしやすい。

Ⅲ-3 絞りフレゼ

▶ 動画を見る
https://youtu.be/bqWbu4pvRnw

「ヴィエノワ・バニラ (p.84)」には、星形口金をかたい台に押し当てて、中心の開口部の直径が5mmから3mmくらいに小さくなるように少しずつ回しながらつぶしたものを使用。口径が小さい口金、片目、または両目口金、はそのままでいい。絞り袋にセットする。

生地を絞り袋に入れて、オーブンシートを敷いた天板の上に絞り出す。口金がせまいことで生地に圧力がかかってフレゼの効果が出る。

＊写真は上から順に、せまくした星形口金で絞る「ヴィエノワ・バニラ (p.84)」、そのままの星形口金で絞る「ヴィエノワ・チョコ (p.86)」「シュプリッツ (p.91)」、片目、または両目口金で絞る「チーズクッキー (p.90)」、小さい丸口金で絞る「プレッツェル (p.93)」。

小嶋ルミ

東京小金井市「オーブンミトン」オーナーシェフ。女性パティシエの草分け的存在。1987年にオープンし、のちにフレンチのシェフである夫の小嶋晃氏も参加して、カフェを併設するケーキ店とお菓子教室を運営する、現在のスタイルに至る。「食材の自然な味わいこそが、お菓子のおいしさ」を信念に、女性スタッフとともに、素材の持ち味のみを生かしたお菓子を作り続けている。混ぜ方を中心としたお菓子教室は、全国のみならず海外からも多くの生徒が集まる。著書に『おいしい！生地』（文化出版局）、『小嶋ルミの決定版ケーキ・レッスン』『小嶋ルミのフルーツのお菓子』（ともに小社刊）など他多数。

オーブンミトン
東京都小金井市本町1-12-13
https://ovenmitten.com/
電話　042-388-2217

分析協力／西津貴久（岐阜大学 応用生物科学部 教授）

協力／日清製粉株式会社
材料協力／cotta

撮影／三木麻奈
デザイン／高橋朱里（マルサンカク）
製菓助手／鴨井幸子
スタイリング・編集協力／水奈
編集／池本恵子（柴田書店）

サクッ、さらさらの口どけは
“ミトン流” 3つの混ぜ方で作ります
小嶋ルミの
おいしいクッキーの混ぜ方

初版発行　2020年 3月15日
5版発行　2023年12月10日

著者 ©　　小嶋ルミ
発行者　　丸山兼一
発行所　　株式会社柴田書店
　　　　　東京都文京区湯島3-26-9
　　　　　イヤサカビル 〒113-8477
　　　　　電話　営業部　03-5816-8282（注文・問合せ）
　　　　　　　　書籍編集部　03-5816-8260
　　　　　URL　https://shibatashoten.co.jp/
印刷・製本　シナノ書籍印刷株式会社

ISBN　978-4-388-06320-8
Printed in Japan
©Rumi Kojima 2020